A CONQUISTA DA ILUSÃO

J. J. VAN DER LEEUW

A CONQUISTA DA ILUSÃO

J. J. VAN DER LEEUW

EDITORA
TEOSÓFICA

THE THEOSOPHICAL PUBLISHING HOUSE
Wheaton, ILL. U.S.A.
Chenai, Índia / London, England

EDITORA TEOSÓFICA
SIG Quadra 6, Nº 1235
70.610-460 – Brasília-DF – Brasil
Tel.: (61) 3322.7843
WhatsApp: 61 98613.4906
E-mail: editorateosofica@editorateosofica.com.br
Site: www.editorateosofica.com.br
Instagram: @editorateosofica

L477 Leeuw, J. J. Van Der

A Conquista da Ilusão, J. J. Van Der Leeuw; Brasília:
Editora Teosófica, 2024
260 p.

Título original: The conquest of illusion
Tradutora: Gisele Cunha

ISBN 978-85-7922-246-7

1. Teosofia
I. Cunha, Gisele II. Título

CDU 141.332

Revisão: Valéria Marques de Oliveira e Usha Velasco
Capa e design gráfico: Usha Velasco
Impressão: Gráfika Papel e Cores
(61) 3344-3101
grafika@papelecores.com.br

Agradecemos a generosidade da tradutora, Gisele cunha (em memória), por traduzir voluntariamente esta obra.

"O autor tem algo a dizer que ele considera ser verdadeiro e útil, ou utilmente belo. Tanto quanto ele saiba, ninguém o disse ainda; que ele saiba, ninguém mais o pode dizer. Ele é obrigado a dizê-lo, clara e melodiosamente, se puder; claramente, em todo caso. Na soma da sua vida, ele acha que esta é a coisa, ou grupo de coisas, manifestas para ele – isto, o pedaço de conhecimento verdadeiro, ou visão, que a sua cota de sol e terra lhe permitiu apreender. Ele gostaria de fixá-lo para sempre; gravá-lo na rocha, se pudesse, dizendo: 'Isto é o melhor de mim; quanto ao mais, comi, bebi e dormi, amei e odiei, como minha mãe; minha vida foi como o vapor, e não é; mas isto eu vi e sei; isto, se alguma coisa minha, vale a vossa memória.'"

Ruskin, *Sesame and Lilies*[1]

[1] Tradução livre (N.T.).

Sumário

Prefácio da Edição Brasileira

"O mistério da vida não é um problema a ser resolvido, é uma realidade a ser experimentada."

(J. J. Van Der Leeuw)

....

"Há um mundo sem fim, ó meu Irmão! e há
o Ser sem nome, de quem nada se pode dizer.
Só o conhece quem chegou a essa região:
é diferente de tudo o que é ouvido e dito.
Ali não se vê forma, nem corpo, nem
comprimento, nem largura: como te posso
dizer o que é?"

(Kabir, *Tagore)*

Caro leitor, estamos honrados em publicar mais um livro de Jacobus Johannes Van Der Leeuw. Apesar do autor ter desencarnado bastante jovem, com pouco mais de 40 anos, ele viajou pelo mundo proferindo o conhecimento teosófico. Foi secretário-geral da Seção Holandesa da Sociedade Teosófica e, em 1925, recebeu a medalha Subba Row, em reconhecimento às suas contribuições à literatura teosófica. Van Der Leeuw também foi contemporâneo e amigo de vários expoentes de sua época, como Sigmund Freud, Jiddu Krishnamurti e C. W. Leadbeater, entre outros.

Esta obra traz uma exposição clara sobre a natureza da ilusão e a necessidade de romper o seu véu para encontrar a realidade que existe a cada momento. Como o autor aponta, "o verdadeiro conhecimento esotérico não é conhecimento que nós, por alguma boa razão, recusamos tornar público, mas sim conhecimento que ninguém pode tornar público, uma vez que não pode ser expresso, pois não há linguagem para explicá-lo".

Assim, J. J. Van Der Leeuw nos convida a viver a grandeza de uma filosofia de vida verdadeira e o desafio de transcender os problemas e questionamentos enraizados na ilusão, experienciando a realidade viva e pulsante sem as amarras do ego periférico e reativo.

Os temas abordados neste livro são preciosos para todos os buscadores da verdade, aqueles que aspiram o autoconhecimento e, por conseguinte, o despertar da sabedoria – como, por exemplo: O Desafio da Vida; do Irreal ao Real; Intuição e Intelecto; O Absoluto e o Relativo; O Mistério da Criação; Espírito e Matéria; A Justiça da Vida; A Imortalidade da Alma; A Luz do Eterno e muitos outros.

Recomendamos também outras duas obras do autor publicadas pela Editora Teosófica: *Deuses no Exílio* (escrito em 1926 e lançado no Brasil em 2013) e *O Fogo Criador* (escrito em 1925 e lançado em 2023).

Desejamos que este inspirado livro, que aborda tantas temáticas universais, seja uma fonte de inspiração e auxilie os leitores em sua jornada. Cada um de nós tem sua jornada a percorrer nesta vida – que ela seja exitosa!

Ígor Mendonça Câmara
Diretor Presidente da Editora Teosófica

Capítulo 1
O Desafio da Vida

Pois a admiração é a verdadeira característica do filósofo. Não tem outra origem a filosofia.

....

(*Platão*, Teeteto)

A Filosofia da Experiência

Uma das banalidades de nossa era é dizer que o tempo das palavras passou, e que agora é o tempo da ação. Tudo ao nosso redor clama por ação, tudo ao nosso redor despreza meras palavras, por mais prolixos que sejam os expoentes do culto da ação. Mas até mesmo a ação precisa ser explicada.

Todavia, existem razões válidas subjacentes a essa impaciência com as palavras que não estão vitalmente conectadas à ação. Especialmente na filosofia, sofremos por muitos anos com uma enxurrada de palavras desprovidas de ação; consequentemente, o homem comum passou a olhar a filosofia como uma especulação pretensiosa que não leva a lugar nenhum; um jogo intelectual, sutil e inteligente (algumas vezes nem isso), mas sempre sem valor prático para a vida diária. Geralmente tem sido assim: a filosofia disfarça a sua falta de realidade sob o manto de uma terminologia difícil e técnica, assusta o investigador leigo e o faz sentir que era sua culpa, que sua limitação o impedia de compreender os mistérios profundos. Apenas o investigador audacioso e perseverante descobre que esse manto, na maior parte das vezes, esconde apenas um vazio patético.

As mentes mais profundas sempre falam em linguagem mais simples. O pensamento de Platão pode ser profundo; sua linguagem é sempre simples e pode ser compreendida por qualquer homem culto. Aqui, a filosofia oriental pode ensinar o Ocidente. Lao-Tsé, Patanjali, Gautama falam em uma linguagem de total simplicidade; ao lado deles, Kant ou Hegel parecem pesados e confusos. Quando algo é claro para um filósofo, ele deve ser capaz de dizê-lo em linguagem simples e inteligível. Se não o fizer, e se muitos volumes precisarem ser escritos para explicar o que ele quis dizer, é certamente um sinal de que o seu conhecimento era confuso. Apenas o conhecimento imperfeito se esconde atrás de pesados volumes de palavras.

Mas, à parte sua linguagem intrincada e desprovida de beleza, a filosofia muitas vezes tem sido uma estranha para a vida. Veja novamente como os verdadeiramente grandes tocam a vida a cada passo, e até mesmo trazem para este mundo da vida diária o fogo que roubaram dos deuses. Se nossa filosofia leva à sabedoria e não apenas ao conhecimento, deve dar frutos na ação. Ouçam Epicteto, o Estóico:

> O primeiro e mais necessário tópico da filosofia é o da aplicação dos princípios; por exemplo: "Não sustentar falsidades". O segundo é o das demonstrações; por exemplo: "Por que é preciso não sustentar falsidades?" O terceiro é o que é próprio para confirmar e articular os anteriores; por exemplo: "Por que isso é uma demonstração? O que é uma demonstração? O que é uma consequência? O que é uma contradição? O que é o verdadeiro? O que é o falso?" Portanto, o terceiro tópico é necessário em razão do segundo, e o segundo em razão do primeiro – mas o primeiro é o mais necessário, é onde é preciso se demorar. Porém, fazemos o contrário, pois no terceiro despendemos nosso tempo, e todo o nosso esforço é em relação a ele, mas do primeiro

> descuidamos por completo. Eis aí porque, por um lado, sustentamos falsidades, e, por outro, temos à mão como se demonstra que não é apropriado sustentar falsidades. (Encheiridion, 52)

É no ácido teste da vida diária que o valor da filosofia é posto à prova. A moralidade nunca é o início, mas sempre o fim. Enquanto o conhecimento pode permanecer estranho à ação, a sabedoria, sendo experiência de vida, nunca deixa de carimbar todas as nossas palavras e ações com o seu selo.

A moralidade ou ética, entretanto, é apenas uma forma através da qual a sabedoria se torna ação; a verdadeira filosofia inspira a civilização em todos os pontos. Nunca houve um platonista digno desse nome que não tenha deixado o mundo melhor com sua filosofia, quer tenha sido um poeta ou político. Mas somente quando a filosofia deixa de ser apenas intelectual para se tornar a experiência da verdade viva é que ela pode ser, dessa forma, criativa.

É possível, com lógica infalível, construir uma estrutura intelectual com aparência de filosofia de vida, mas ela é, na verdade, um fantasma da morte. Somente quando a filosofia como experiência estiver enraizada em nossa consciência, e daí extrair a força vivificante que faz dela um organismo vivo, é que poderá dar frutos para nutrir o homem. Assim, os fatos nos quais uma filosofia vital se baseia devem necessariamente ser de uma natureza psicológica, ou, para usar uma palavra muito temida, "subjetiva". Mas, mesmo que não nos apercebamos alegremente disso, todos os fatos são de natureza psicológica, pois não conhecemos uma coisa a não ser na medida em que ela se torne presente em nossa consciência. A divisão da sabedoria ou verdade em subjetiva e objetiva é enganosa; no momento em que algo se torna conhecimento, ele passa a ser subjetivo, embora sua validade possa muito bem ser objetiva. Um fato da nossa consciência ou verdade psicológica pode muito bem ser de valor objetivo, uma vez que não se trata apenas de apreciação pessoal, mas de aplicação universal. Nesse caso o método é subjetivo e o valor é objetivo. Por outro lado, existem fatos que tratamos como objetivos porque pertencem àquilo que chamamos de mundo exterior, mas que são subjetivos em valor, uma vez que se aplicam apenas a nós mesmos. É a confusão entre as duas formas com as quais a palavra subjetivo é usada (uma dizendo respeito ao *método*, quando subjetivo significa "que pertence à consciência," e a outra relativa à *validade*, quando subjetivo significa "apenas de valor pessoal") que nos faz temer este termo. Existem muitos fatos da consciência que passamos a conhecer de forma subjetiva, mas que ainda assim são objetivos em validade, uma vez que são válidos não apenas para nós, mas para todos os homens.

Por conseguinte, não é depreciativo para a filosofia dizer que, ao contrário da ciência, o seu método é subjetivo. Se nos apercebêssemos disso, haveria mais segurança no conhecimento da nossa própria consciência, que é direto, do que no conhecimento do mundo que nos rodeia, que é indireto.

Neste livro, o método filosófico será psicológico e baseado na experiência da consciência, em vez de argumentativo e baseado em provas lógicas. Não hesito em usar a realidade central da experiência mística, ou seja, a experiência que Bucke chama de "consciência cósmica", como um fato de extrema importância em filosofia. O imponente testemunho de todas as eras, que Bucke reuniu em seu conhecido livro, vai longe para provar a validade universal de uma experiência que alguns desacreditariam como "meramente subjetiva;" ela é subjetiva na medida em que nos aproximamos dela através da nossa própria consciência — é mais do que subjetiva, pois na consciência cósmica partilhamos uma Realidade da qual somos apenas uma parte infinitesimal. A corrida avança na direção dessa consciência cósmica, que é apenas o capítulo final de uma evolução da consciência, que vai da inconsciência e passa pela autoconsciência até a consciência cósmica. É nessa experiência mística que o intelecto é transcendido e o saber se torna ser. Longe de ser o emocionalismo vago ou as transições histéricas que por vezes usurparam o nome de misticismo, a verdadeira experiência mística é uma realidade muito definida. A filosofia que nela se baseia já não é apenas uma filosofia de raciocínio, mas principalmente uma filosofia de experiência, razoavelmente exposta.

É aqui que a filosofia pode romper aquele *anel-não-passará* que Kant desenhou ao redor da coisa em si, proclamando-a incognoscível pela razão. Sem dúvida ele estava certo, mas isso não significa que a coisa em si nunca possa ser conhecida. Em um capítulo posterior, será demonstrado como a experiência da coisa em si no mundo do Real é uma possibilidade e como, através dessa experiência filosófica, ela pode ser liberada da condenação kantiana. Nessa liberação, a faculdade da intuição, ou conhecimento por experiência, é conscientemente usada e, dessa forma, um novo mundo se abre para a filosofia; de fato, uma nova filosofia nasce. Assim, a filosofia deixa de ser um assunto de crença intelectual, mas resultado de argumento irrefutável e prova convincente; torna-se a experiência do próprio homem, vida de sua vida, ser de seu ser, a experiência da verdade.

O Nascimento da Admiração

Não existe espetáculo mais patético que uma época entediada com a vida. Materialmente, nosso mundo moderno é mais rico que, talvez, qualquer outra época anterior; espiritualmente, estamos mais pobres. Nem todas as nossas verdadeiramente maravilhosas realizações, nem toda a nossa abundância de divertimentos e sensações, podem esconder o fato de que estamos internamente empobrecidos. Realmente, a tarefa deste último é apenas a de esconder a pobreza interna; quando nossa vida interna é árida, precisamos criar estímulos artificiais externos a fim de fornecer um substituto, ou, pelo menos, causar uma sucessão contínua de sensações variadas, de forma a não termos tempo de notar a ausência de vida interior.

Existem uns poucos que podem ouvir tanto a solidão quanto o silêncio, e descobrir uma rica vida surgindo dentro de si, mesmo quando não há nada a ser estimulado externamente. No entanto, só esses são felizes, só esses vivem verdadeiramente; onde encontramos a ânsia por divertimento e sensações exteriores, vemos uma confissão abjeta de falta de vida interior. É aí que reside a diferença entre os vivos e os mortos: uns estão mortos mesmo em vida, outros nunca podem morrer porque *são* vida. Todos buscamos a vida, uma vez que vida é felicidade, vida é realidade. Mas somente quando tivermos a coragem de parar com o sensacionalismo e outros estimulantes é que teremos sucesso em nossa busca.

Filosofia é a busca pela vida. É mais que um amor à sabedoria, a não ser que consideremos a sabedoria como diferente do conhecimento, assim como a vida é diferente da morte. A sabedoria é o conhecimento que é experiência, e, portanto, vida; a busca pela sabedoria é, na realidade, a busca pela vida. É verdade que o nome filosofia tem sido frequentemente usado para coroar um jogo de perguntas e respostas intelectuais que não deixa os homens mais ricos que antes. Assim, o homem comum não confia na filosofia e a acusa de lhe dar pedra no lugar de pão. Mas a verdadeira filosofia não é uma solução intelectual de problemas; nas palavras de Platão, a filosofia é o nascimento da admiração, e é um verdadeiro filósofo aquele que começa a se admirar com a vida, não aquele que tem certeza de ter resolvido aquilo que não tem solução. É profundamente verdadeiro que, a não ser que possamos ver a maravilha da vida ao nosso redor, a não ser que nos vejamos cercados por um mistério que desafia a nossa audaciosa exploração, ainda não teremos entrado no caminho da filosofia.

O homem não desperto conhece somente fatos, não mistérios; para ele, as coisas se explicam por si mesmas: o mundo está ali, o que mais há para saber? Esta é a visão animal; para a mente bovina, pastos podem ser bons ou maus, mas não precisam de explicação. Da mesma forma, o homem não desperto está satisfeito com os fatos da existência — seu ambiente, sua comida, seu trabalho, sua família e amigos são os muitos fatos que o cercam, agradáveis ou desagradáveis, mas que nunca necessitam de explicação. Falar a ele sobre o mistério oculto em sua vida e em seu mundo não faria nenhum sentido; ele existe, e o fato de sua existência é suficiente. Morte e vida, em si, podem lhe causar, durante um tempo, ansiedade ou alegria, mas mesmo elas não provocam qualquer questionamento; são familiares e habituais. É a própria familiaridade da vida que oculta o mistério da mente animal. Aquilo que, visto uma única vez, seria uma maravilha se torna familiar quando o vemos centenas de vezes, e deixa de sugerir a possibilidade de mais explicações; nós acendemos a luz elétrica tantas vezes que a não explicação da maravilha da eletricidade se perde na familiaridade da ação, e o fato se torna sua própria explicação.

Entretanto, para a maioria de nós, chega um tempo em que a catástrofe e o sofrimento nos arrancam da rotina da familiaridade; é quando o nosso velho mundo é destruído sem esperança de recuperação. É como se o Universo no qual, alguns dias antes, nos movíamos com a suave certeza do homem não desperto, tivesse desaparecido da noite para o dia, e cada objeto e evento familiar tivesse se tornado um sombrio e terrível mistério. Assim se sentiria o viajante que, ao acordar de um sono sem sonhos, descobrisse que dormiu ao lado de um réptil mortal, sem saber da sua proximidade e feliz em sua ignorância.

O despertar para o mistério da vida é um evento revolucionário; nele, um velho mundo é destruído, de forma que um mundo novo e melhor possa tomar seu lugar, e todas as coisas são afetadas pela mudança. Nós mesmos nos tornamos misteriosos estranhos aos nossos próprios olhos, e, trêmulos, nos perguntamos quem somos, de onde viemos, para onde vamos. Somos o ser conhecido pelo nosso nome, aquele que pensávamos conhecer tão bem no passado? Somos a forma que observamos no espelho, nosso corpo, os filhos de nossos pais? Quem, então, é este que sente e pensa dentro de nós, que deseja e luta, planeja e sonha, que pode se opor e controlar este corpo físico que pensávamos ser nós mesmos? Despertamos para descobrir que nunca nos conhecemos, que estivemos vivendo em um sonho cego de incessante atividade, no qual nunca houve um momento de autorrecolhimento.

Nossa própria consciência é *terra incógnita*; nada sabemos do funcionamento da mente. O que acontece quando pensamos ou sentimos, quando uma luta moral tem lugar em nós, quando estamos inspirados, quando respondemos à beleza ou nos sacrificamos pelos demais? É como se fôssemos prisioneiros no vasto palácio de nossa consciência, vivendo confinados a uma sala pequena e vazia, para além da qual se estendem os muitos apartamentos do nosso mundo interno nos quais nunca penetramos, mas em um dos quais misteriosos visitantes — sentimentos, pensamentos, ideias e sugestões, desejos e paixões — vêm e vão, passando por nossa prisão sem que tenhamos conhecimento de onde vêm ou para onde vão. Em nossa consciência só conhecíamos resultados, só víamos aquilo que surgia na superfície e se tornava visível; agora começamos a perceber um vasto e inexplorado mundo de mistério, o qual, *mirabile dictu*, é o mundo de nossa vida interior. Estamos descobrindo a maravilha da vida.

Ela está ao nosso redor, essa maravilha da vida; nada agora é comum ou familiar, tudo palpita com uma vida misteriosa que ali está para explorarmos. O sagrado entusiasmo do investigador nos chama – desejamos saber, assim como um homem faminto deseja comida; não podemos viver a não ser que saibamos, e saberemos, mesmo que isso custe nossas vidas. E assim nascemos como filósofos.

O Mistério da Vida

O mistério da vida não é um problema a ser resolvido, é uma realidade a ser experimentada. Cuidado com o homem que afirma ter resolvido o problema da vida, aquele que explica a sua complexidade e, com lógica mortal, constrói um sistema no qual todos os fatos de nossa existência podem ser classificados e arquivados ordenadamente. Ele se condena através de sua própria afirmação. A criança que se maravilha com todo o mundo ao seu redor, para quem as conchas com as quais brinca na praia são objetos de excitação de tirar o fôlego, está mais próxima da verdade divina que o intelectualista que despoja o mundo de seus mistérios e se orgulha de nos mostrar sua anatomia em uma dissecação impiedosa. Por algum tempo pode satisfazer o homem em evolução saber que o esplendor de um pôr do sol são apenas raios de luz em uma atmosfera úmida; porém, ele acabará por perceber que pode ter explicado o método, mas de forma alguma tocou o mistério.

Recuperando-se das certezas da juventude, quando nunca duvidou de si mesmo, o homem desperto retorna ao encantamento da infância e novamente vê o mundo, o qual, à medida que os anos passam, se aprofunda em mistério e beleza, mas nunca se esgota ou é explicado.

Muitos são os sistemas que afirmam explicar a vida, contraditórios em suas premissas e, consequentemente, em suas conclusões. Podem ser inteligentes, podem se encaixar perfeitamente em todos os detalhes, mas a própria vida sempre lhes escapa; se fosse possível conter a vida em um sistema, não seria mais vida e sim morte. A vida está sempre mudando, sempre vindo a ser, mas é eterna em sua realidade permanente, e o desejo de agarrá-la, segurá-la, vê-la estendida diante de nós como uma borboleta na sua caixa de vidro, está sempre fadado ao desapontamento. Nossos sistemas de teologia e filosofia — sim, até mesmo a ciência — não passam de vislumbres momentâneos de um movimento rápido; podem nos mostrar um instante desse movimento em uma imobilidade congelada, mas o próprio movimento jamais poderá ser neles contido. E, mesmo assim, embora a tentativa de resolver o problema da vida e explicá-la de forma lógica esteja fadada ao fracasso, a ânsia de compreender mais, de conhecer nosso próprio significado e propósito, é tão irresistível que nem mesmo o pensamento de fracasso pode contê-la.

A sede da verdade é uma aspiração sagrada; como a água busca atingir o seu verdadeiro nível, sua pressão é interminável até que o propósito seja atingido e o objetivo alcançado. Esse desejo fundamental não pode existir apenas para ser frustrado; a própria existência do desejo pela verdade é a promessa de sua realização e a profecia de sua conquista. Os instintos fundamentais nunca estão totalmente enganados; se a verdade não fosse para o homem, o desejo pela verdade não seria uma inquietação ardente em seu coração; a águia come o fígado de Prometeu, que volta a crescer novamente, pela eternidade. O homem que deseja a verdade acima de todas as coisas está correto — aquele que está disposto a se sacrificar, sacrificar seus anos, sua própria vida, para obtê-la apenas demonstra nobreza de desejo. Mas quando, cego pelo materialismo, ele deseja *possuir* a verdade, agarrá-la e prendê-la, trancá-la entre as páginas de um livro, fazer dela um objeto, transformar numa coisa aquilo que é o coração das coisas, então ele perde a nobreza de sua aspiração, e o herói de ontem se torna um objeto de piedade para o qual os deuses sorriem com compaixão.

Embora os homens possam sempre afirmar que encontraram a Verdade e que a possuem, a própria Verdade permanece intocada; a Verdade é o mistério da vida, e a mão do homem nunca poderá alcançá-la. A Verdade jamais desce ao nosso mundo de enganos; aquele que sabe deve se elevar em direção ao mundo da Realidade, onde pode vê-la face a face e, por um momento, tornar-se a Verdade viva. Mas é sempre o homem que deve subir a montanha da Realidade; a Visão na Montanha não desce para o vale. Assim, é possível para o homem conhecer o mistério da vida; resolvê-lo nunca, e muito menos contê-lo em um sistema intelectual, por mais lógico que seja. A vida não é lógica. O pensamento lógico é o alfabeto que temos que aprender se quisermos falar a linguagem da vida, que é a Verdade. Entretanto, nenhuma linguagem inteligível pode falar da visão para aquele que não a viu; cada um tem de percorrer sozinho o caminho da montanha e chegar ao topo deserto e solitário onde a visão pode ser obtida. Podemos indicar o caminho, falar sobre as dificuldades do caminho, os perigos a serem evitados e os obstáculos a serem superados, mas ninguém pode contar o mistério final — seu nome é experiência.

O mistério da vida não é um problema a ser resolvido, é uma realidade a ser experimentada.

A Visão na Montanha

Uma vez que começamos a questionar o mundo, a exigir uma resposta da nossa existência diária, embarcamos em uma longa e perigosa viagem de exploração. Não devemos deixar esse litoral familiar apressadamente, a menos que estejamos dispostos a sofrer dificuldades, a trabalhar e a perseverar quando tudo parecer perdido, a velejar em direção ao desconhecido mesmo que a morte for o nosso destino; é melhor ficar em casa e abraçar as praias que conhecemos. Entretanto, se ousarmos e perseverarmos, que glórias se abrem diante de nós, que alegrias nunca sonhadas experimentamos! Toda conquista precisa ser paga com trabalho e dificuldades; aquilo que vem facilmente ou nos é dado nunca é um tesouro duradouro.

Aquele que deixa o vale da vida familiar para subir a distante montanha precisa comprar sua conquista com perigos desconhecidos e dificuldades contínuas. Seus amigos rirão dele quando partir da vila de sua juventude, do lugar de paisagens ensolaradas e familiares, do lar e da lareira onde está a salvo dos perigos do mundo. Por que ele deveria deixar tudo o que torna a vida preciosa e se arriscar em esforços fúteis em busca do impossível? Mas aquele em quem o anseio nasceu não dá ouvidos à zombaria; existe algo em seu interior que não o deixará descansar até que tenha conseguido. Ainda assim, uma vez que ele tenha deixado os tormentos humanos e entrado na densa e emaranhada floresta que encobre o sopé da montanha, pode muito bem duvidar se fez o que era certo. Aqui não há caminho para guiá-lo, nenhum raio de sol para apontar o rumo; a densa vegetação ao redor parece trancar do lado de fora o próprio mundo, e por cansativos dias ele corta seu caminho através do crescente emaranhado.

Gradualmente ele ascende e alcança as encostas mais altas, onde novos e ainda mais terríveis perigos o aguardam

– rochas áridas e precipícios mortais, ventos gelados e cortantes, campos de neve traiçoeiros a serem percorridos, onde abismos se escondem sob a superfície lisa. Seus próprios passos desalojam a neve e avalanches o ameaçam de morte súbita, mas ele continua a subir; a geada e a fome não o aterrorizam, pois lá longe está o cume da montanha que ele deve alcançar. Muitas vezes ele desiste da sua luta e sucumbe ao cansaço que o envolve, mas de novo a voz interior o incita a prosseguir, a voz que promete a conquista.

Então chegam as últimas e temidas horas, quando seus pulmões mal conseguem respirar o ar rarefeito e o progresso se torna cada vez mais lento e doloroso. Suas mãos sangram onde as afiadas rochas rasgaram a carne; até mesmo seus passos são um fardo; em agonia, ele escala a última encosta e alcança o topo, onde se deixa cair ofegante e exausto.

Mas, quando levanta a cabeça e olha ao redor, seus olhos encontram um novo mundo. Lá embaixo ele vê a floresta onde lutou no escuro, perdido e errante; mais adiante vê a vila de sua juventude, e, mais além, as outras vilas e cidades. Mas agora ele mesmo é o senhor de tudo, pois abandonou seu mundo para encontrar um Mundo maior, renunciou às paisagens familiares da vida para encontrar a Visão do topo da montanha. As dificuldades foram esquecidas, a longa e dolorosa batalha foi esquecida; na luz de seu novo mundo, ele só conhece a bem-aventurança que a Visão traz àqueles que a obtêm. Daqui para a frente este é o seu mundo, o mundo do topo da montanha; daqui para frente esta é sua inspiração, a Visão na Montanha. Aquele que a viu jamais será o mesmo novamente; ele possui o mundo estendido a seus pés, sabe-se conquistador da vida e da morte, e, onde quer que vá, seus olhos contemplam essa Visão.

Quando ele desce novamente e retorna das alturas para o vale no qual vivem os homens, chega com uma nova alegria cantando em seu coração, e com uma solidão que, daqui para a frente, o tornará solitário mesmo em uma cidade movimentada. Pois ele se move por entre os homens que nada sabem da Visão do topo da montanha, homens cuja vista não alcança além da rua de seu vizinho, e como pode falar a eles das coisas inefáveis vistas na solidão e no esplendor do topo da montanha? Aqueles que o conheciam percebem que ele voltou um homem mudado, que, como o Velho Marinheiro,[2] tem um certo olhar que faz com que os homens se sintam menos seguros de si mesmos, que os faz parar um pouco na sua marcha apressada. E ele, em qualquer lugar que se encontre, vê sempre a Visão diante de si; mesmo na fealdade e miséria da vida dos homens, ouve a Canção da Alegria a cantar; mesmo através de gritos de dor, tudo o que ele vê é iluminado pela glória que presenciou.

As paisagens familiares de sua juventude agora ganharam um novo — e algumas vezes terrível — significado. Nada, para ele que viu a Visão na Montanha, é lugar comum ou sem significado. O mistério da vida é como uma Voz interior secreta, contando-lhe dos novos e maravilhosos significados em tudo que o cerca. A alguns ele fala da Visão que contemplou, do terrível caminho que trilhou; possivelmente eles também sentirão o anseio pelo topo da montanha e deixarão a vida para a reencontrar em maior medida. Mas, embora ele possa ter falado de sua experiência, contado da visão que obteve, cada homem para o qual ele fala deve, em solidão, realizar o "voo do solitário para o Solitário"[3] e obter a Visão que nenhuma palavra pode descrever.

Na verdade, não é de ânimo leve que devemos questionar e explorar o mundo que nos é familiar, que parecemos conhe-

[2] A Balada do Velho Marinheiro, poema de Samuel Taylor Coleridge (N.T.).
[3] "*Life is the flight of the alone to the alone*", Plotino (N.T.).

cer tão bem, pois, uma vez iniciada essa jornada exploratória, não há como voltar ao estado de contentamento que não duvidava nem questionava. É algo grande, mas terrível, quando nasce a dúvida – terrível, uma vez que ela destrói o velho mundo; grande, na medida em que abre caminho para um mundo novo e mais nobre.

Capítulo 2
Do Irreal ao Real

Ai! Ai!
Destruíste-o!
O belo mundo!
Ai! Ai!
Destruístes! Destruído!
Cria! Cria!
Constrói-o de novo
No coração tímido,
O belo mundo!
Criar! Cria! Cria!
....
(*Goethe*, Fausto)

Nosso Universo Dual

É nas coisas mais familiares da vida que os mais profundos mistérios se ocultam. Se há algo sobre o qual temos certeza, algo com o qual pensamos estar completa e totalmente familiarizados, é o mundo que nos cerca, o mundo da nossa vida diária. Estamos conscientes desse mundo ao nosso redor, sólido e visível, um mundo tão real para nós que pareceria loucura duvidar de sua realidade. Podemos ver e sentir esse mundo, levantar os pesados e sólidos objetos que nele encontramos, nos machucarmos contra a sua inabalável imobilidade, e ficarmos a todo tempo impressionados por este fato fundamental da nossa existência — o de que ali, em oposição a nós, independente e à parte de nós, existe um mundo físico total e inteiramente real, sólido e tangível.

Dentro de nós reconhecemos um outro mundo, igualmente real, igualmente aceito como um fato básico da nossa existência. Mas é um mundo de consciência, de vida, de conhecimento, um mundo que associamos com o sentimento de que somos "nós". Em regra, todavia, nossa atenção não está direcionada para este mundo interior; para a maioria de nós, ele permanece um território vago e misterioso, do qual pensamentos e sentimentos, desejos e impulsos, flashes de inspiração e ideias repentinas parecem emergir, entrando em nossa existência diária com um poder irresistível que não pode ser negado. Esses estranhos acontecimentos internos também são aceitos como fatos, e sabemos ainda menos sobre eles do que sobre o mundo sólido das "realidades materiais", no qual estamos tão imersos e absortos. Assim, temos que encarar este estranho fato — o mundo da nossa própria consciência não nos é familiar, mesmo sendo o nosso próprio eu, enquanto o mundo lá fora, que consideramos separado de nós, parece familiar e conhecido.

Tal, portanto, é a estrutura fundamental da vida diária: um mundo externo material, sólido e tangível, e um campo de consciência interno e misterioso, formando uma dualidade da qual a maioria de nós nunca chegou a duvidar. Nesse dualismo primitivo, vivemos nossas vidas e olhamos para nossas percepções e ações como uma interação entre esses dois mundos — sensações que nos chegam do mundo exterior e formam percepções em nossa consciência, de onde, por sua vez, a vontade e a ação modificam e influenciam aquele mundo.

Este sentimento de dualidade, de um mundo exterior e um mundo interior, está presente em todos os momentos da vida e nos é tão familiar que, sempre que surgem questões a respeito dos problemas da vida, nós assumimos e pressupomos essa dualidade primitiva como um fato que não precisa ser provado, *sem sequer termos consciência de que o introduzimos*. Inconscientemente, baseamos nosso raciocínio (sim, o próprio método de análise e lógica) nessa dualidade fundamental, que aceitamos porque nunca havíamos pensado nela. Na busca pela Verdade, entretanto, precisamos estar totalmente livres de preconceitos e ser impiedosamente sinceros, nunca aceitando um fato – por mais que ele seja consagrado pelo reconhecimento universal – sem antes desafiar a sua realidade, mesmo que esse desafio possa parecer supérfluo. Só assim podemos evitar o erro de entrar nas nossas próprias questões.

Consideremos, então, os dois elementos do nosso Universo, o mundo interno da consciência e o mundo externo das aparências, e vejamos como tomamos conhecimento deles. Com relação à consciência, ou o lado da vida de nosso Universo duplo, não pode haver dúvida: o fato que somos algo é a base de todo o nosso conhecimento, de toda a nossa compreensão. *Cogito, ergo sum*[4] ainda é o ponto de partida para toda investigação; até mesmo as palavras "eu penso" já pressupõem o fato básico, "eu sou".

Na consciência comum, tudo que eu conheço é uma modificação contínua e incessante da minha vida interior, do meu próprio ser; minha consciência, ou estado de consciência, é diferente a cada momento. Nada conheço além desses estados de consciência; nada, ideia ou objeto, existe para mim a não ser que eu tenha consciência dele, ou seja, a não ser que ele esteja presente na minha consciência.

É difícil compreender este simples fato: quando dizemos que conhecemos algo, seja com um sentido de percepção ou como uma ideia, tudo o que realmente conhecemos é um estado de consciência que, de alguma maneira, corresponde ao objeto ou à ideia. Nós vivemos e nos movemos, temos nossa existência no mundo da consciência, e esse é o único mundo

4 "Penso, logo existo". Frase de autoria do filósofo e matemático francês René Descartes. (Nota Ed. Bras.)

que conhecemos diretamente; todo o mais, conhecemos através dele. Isso significa que despertamos para algo em nossa consciência e daí deriva a existência daquilo que produziu esses despertar.

Assim, nossa relação com o lado da aparência do Universo, o mundo externo, é diferente da nossa relação com o lado da consciência: esse último nós conhecemos diretamente, é o nosso próprio ser; o outro nós só conhecemos indiretamente, na medida em que nosso ser é modificado por ele, naquilo que chamamos de "consciência". Portanto, se não podemos duvidar do fato de que somos conscientes de coisas e experimentamos modificações de consciência, precisamos examinar cuidadosamente nossas conclusões sobre um Universo objetivo ao nosso redor, que produz percepções em nossa consciência. Estas últimas são indubitáveis; as primeiras são apenas uma conclusão que, certos ou errados, tiramos delas. De modo bastante curioso, nós nos sentimos confiantes em relação ao Universo objetivo ao nosso redor, embora ele seja um conhecimento derivado, e nos sentimos um tanto o quanto incertos quanto ao mundo da consciência interna; a pedra aos nossos pés é sempre mais real que nossa consciência interna. Entretanto, só conhecemos a pedra através da nossa consciência.

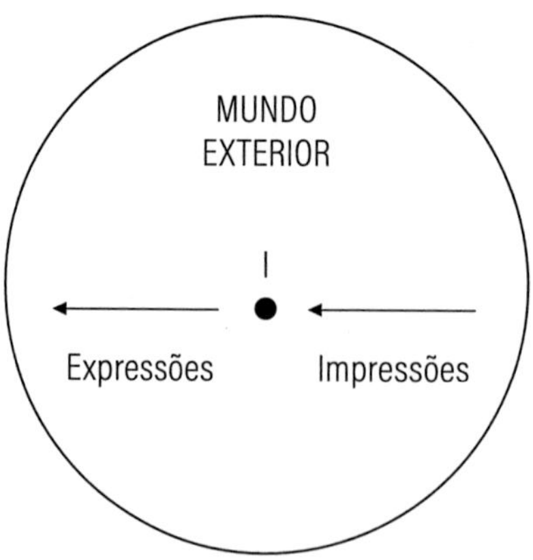

Diagrama 1
Interação entre o mundo e eu

O Caminho do Sentido-Percepção

Enquanto permanecemos convencidos da realidade objetiva do mundo que nos cerca, de fato esquecemos tudo sobre a nossa consciência como intermediária entre nós e o objeto, e consideramos que a percepção na consciência é idêntica ao próprio objeto. Assim, quando vemos uma árvore verde, não duvidamos nem por um momento de que a árvore se encontra ali, a alguns metros de distância, exatamente conforme a vemos. Já teremos percorrido um longo caminho na compreensão filosófica quando conseguirmos *perceber* (não apenas acreditar) que a árvore que vemos é apenas a imagem produzida em nossa consciência pela árvore que *existe*, e que as duas não são de modo algum idênticas.

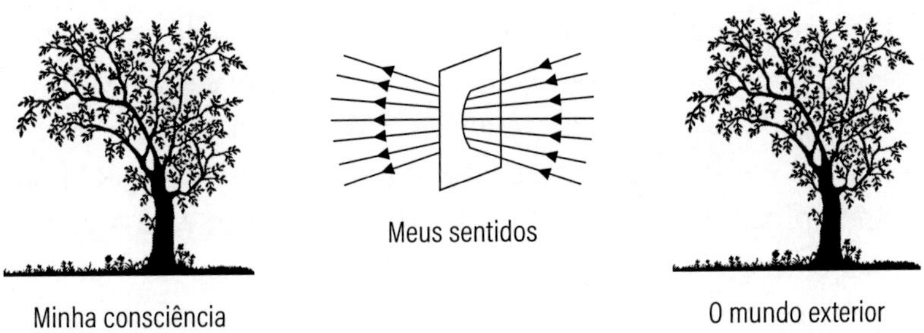

Figura 1: Ideia primitiva de sentido-percepção
A imagem em minha consciência é uma réplica do objeto externo

A forma primitiva e impensada de explicar o sentido-percepção implica que, através dos sentidos, uma imagem fiel do mundo que nos cerca é reproduzida na nossa consciência, de tal forma que essa imagem e a realidade são exatamente iguais (Figura 1). A fim de explicar ainda melhor esse processo, nós o comparamos à ação de uma câmera fotográfica, onde, através das lentes, uma imagem perfeitamente precisa e fiel é reproduzida em uma superfície sensível. Satisfeitos com a explicação, voltamos à nossa aceitação do mundo ao nosso redor sem questionamentos, felizes de que tudo seja tão simples, nunca suspeitando que não explicamos nada. O modo como a imagem alcança a nossa consciência através da escuridão dos nervos sensoriais e da matéria cerebral é uma pergunta que sequer ocorre na explicação primitiva. Entretanto, mesmo que os sentidos produzissem uma imagem fiel do mundo ao nosso redor, essa imagem teria que ser novamente percebida pela consciência, e, no que diz respeito à percepção dessa imagem, nos encontraríamos encarando a mesma dificuldade que temos com relação à percepção do próprio mundo exterior. Apenas deslocamos uma etapa do problema, e, para a mente irrefletida, esse deslocamento ou reformulação de um problema é geralmente bastante aceitável como forma de explicação.

Entretanto, a imagem que os sentidos nos fornecem do mundo ao redor jamais poderá ser fiel; nossos sentidos são seletivos e só podem interpretar aqueles elementos aos quais estão aptos a responder. Assim, no caso do som e da luz, precisamos apenas olhar para uma tabela de vibrações no ar e no éter para percebermos o quão extremamente pequenos são os grupos de vibrações aos quais os olhos e ouvidos podem reagir. Com respeito a todas as outras vibrações, somos praticamente insensíveis; nós as conhecemos apenas por dedução.

É um exercício muito útil pensar como seria se nos encontrássemos em um estado de consciência em que aqueles elementos do mundo aos quais nossos sentidos respondem agora não existissem, e os conteúdos do nosso mundo-imagem fossem fornecidos por elementos aos quais nossos sentidos atuais não respondem. Imagine dois seres se encontrando e comparando seu conhecimento do mundo, um ser humano com nossos cinco sentidos e um ser imaginário com os sentidos que nos faltam. Cada um deles estaria ciente do mundo à sua volta; cada um deles (a não ser que fossem filósofos) teria bastante certeza de que percebe o mundo exatamente como ele é, e de que percebe tudo o que há para ser percebido. Porém, seus dois mundos seriam totalmente diferentes; se pudéssemos, por um momento, perceber o mundo do outro ser, nada haveria de familiar para nós, nada que lembrasse qualquer característica do nosso mundo. E o outro ser teria tanto direito de chamar o seu mundo de mundo real quanto nós teríamos o direito de chamar o nosso de "o mundo como ele realmente é". Mas, do ponto de vista da realidade, ninguém tem o direito de chamar o seu mundo de *o* mundo; é o *seu* mundo e nada mais, é a *sua* interpretação seletiva da realidade.

Ao compreender essa verdade, nossa explicação primitiva do sentido-percepção como uma reprodução fiel do mundo ao nosso redor desmorona, e o nosso mundo-imagem, longe de ser idêntico ao mundo real, torna-se apenas nossa interpretação específica daquele mundo; nosso mundo não passa de *nossa versão do mundo.*

É correto ponderar profundamente sobre este fato muito simples da seletividade de nossos sentidos, e nos familiarizarmos completamente com a ideia de que aquilo que vemos à nossa volta não é realmente o mundo, mas sim a interpretação peculiar daquele mundo que nós, enquanto seres humanos, e devido à natureza de nossos cinco sentidos, fazemos. Não é suficiente concordar intelectualmente com isso, dizer que este argumento é claro e que o reconhecemos como verdadeiro; se a filosofia for de algum valor, ela deve ser compreensão, e a verdade que compreendemos deve se tornar parte da nossa própria consciência. Nossa superstição inata de que o mundo que vemos é *o* mundo real está tão profundamente enraizada em nossa natureza que surgirá repetidamente, fazendo-nos acreditar que o nosso mundo-imagem é o mundo real. Nossas ilusões primitivas devem ser sacudidas violentamente antes que um conhecimento mais amplo possa nascer.

Mesmo que nossos sentidos sejam seletivos e interpretem apenas algumas características do mundo ao nosso redor, ainda podemos ser tentados a dizer que, até onde eles interpretam este mundo, interpretam-no fielmente, e que as cores que vemos ou os sons que ouvimos estão ali à nossa volta exatamente como deles temos consciência. Até mesmo um estudo superficial da fisiologia do sentido-percepção, entretanto, é suficiente para derrubar esse último reduto do realismo sensorial.

Uma vez que o problema é o mesmo para todos os nossos sentidos, podemos considerar os olhos, e o sentido da visão conectado a eles, como um representante dos princípios do sentido-percepção em geral. As vibrações de luz que alcançam os olhos são focadas através das lentes e atuam na retina atrás do globo ocular, causando ali mudanças estruturais e químicas. Se, nesse estágio do processo de enxergar, nós, por assim dizer, interceptássemos a comunicação, ainda assim não encontraríamos nenhum traço daquilo que mais tarde viria a ser a nossa consciência de uma árvore, por exemplo; tudo que encontraríamos seriam as mudanças estruturais e químicas nos cones e bastonetes que formam a camada superior da retina. É de extrema importância perceber que o conhecimento, até agora transmitido ao corpo a partir do mundo exterior, está contido nessas mudanças químicas e estruturais, que, por sua vez, afetam o nervo óptico por onde uma mensagem é levada àquela área no cérebro correspondente ao sentido da visão. Ainda não há que se falar em céu azul ou árvore verde; tudo que podemos esperar encontrar no cérebro, se interceptarmos a comunicação nesse estágio do processo, é uma mudança nas partículas na matéria do cérebro que são afetadas pela mensagem transmitida pelo nervo óptico.

Então, de repente, nós, os seres individuais, ficamos conscientes de uma árvore verde, ou, como dizemos, nós "vemos" uma árvore verde (Figura II). Este último estágio é o grande mistério do sentido-percepção, e até o momento nem a fisiologia nem a psicologia conseguiram preencher o vazio entre a última mudança perceptível no cérebro e a nossa consciência do objeto, com suas cores e formas.

Mesmo no estágio final do processo fisiológico, que é a mudança na matéria do cérebro, não há qualquer questão de cor, forma ou feitio; existem apenas mudanças estruturais e químicas no aparelho óptico. Apenas quando nós, as criaturas viventes, interpretamos em nossa própria consciência aquele estágio final, é que a árvore verde existe, assim como todo o mundo de luzes e cores ao nosso redor. Mas *não existe árvore verde até que alcancemos aquele estágio de consciência*. Existe, sem dúvida, alguma realidade desconhecida que causa reação em nossos sentidos e, de alguma forma, produz em nossa consciência a percepção da árvore verde, mas não há nada que demonstre que essa realidade desconhecida se pareça, de alguma maneira, com a árvore verde. Até onde sabemos, essa realidade pode ser um ponto matemático com certas propriedades que causam reação na consciência humana, produzindo ali diferentes qualidades que constroem a imagem da árvore verde conforme a vemos. Nós, entretanto, substituímos a imagem produzida em nossa consciência pela realidade externa desconhecida, e fingimos perceber a árvore verde, que é a imagem produzida em nossa consciência — ou seja, pensamos que estamos *percebendo* como realidade objetiva aquilo que estamos *projetando* como uma imagem do mundo da consciência. Nós, por assim dizer, cobrimos a nudez da realidade desconhecida com a imagem que nossa consciência produz.

Os mesmos fatos que são verdadeiros para o sentido da visão são válidos para a percepção de qualquer dos sentidos;

assim, não há questão de paladar ou olfato a não ser em nossa consciência, não há questão de macio ou duro, de pesado ou leve, a não ser em nossa consciência; todo o nosso mundo-imagem é uma imagem que surge em nossa consciência devido à ação, sobre essa consciência, de alguma realidade desconhecida.

Nosso Corpo também faz Parte do Nosso Mundo

Está claro, a partir de um estudo da fisiologia do sentido-percepção, que tudo o que sabemos das realidades exteriores, ou das coisas em si mesmas, são imagens produzidas por elas no mundo da nossa consciência. Mas, curiosamente, mesmo onde encontramos isto reconhecido e compreendido, encontramos frequentemente o próprio corpo físico, e as vibrações que lhe chegam dos objetos externos desconhecidos, tratados como se *não* fossem imagens na nossa consciência, mas como se soubéssemos tudo sobre eles. Porém, como sabemos da existência de qualquer vibração? Através do sentido-percepção, auxiliado por instrumentos científicos que nos ajudam a ver a própria vibração e o efeito produzido por ela, revelando-nos sua natureza. Mas isso é novamente o sentido-percepção e a nossa percepção da vibração que alcança os olhos, dos próprios olhos, da retina e das mudanças ali produzidas, do nervo óptico e do próprio cérebro. Tudo ocorre exatamente da mesma forma que a nossa percepção de qualquer objeto pertencente ao misterioso mundo exterior. Vibração, olho, retina, nervo e cérebro pertencem a esse mundo de quantidades desconhecidas que, em nós, produz imagens. Não importa que a imagem seja de uma árvore verde, de um nervo óptico ou da matéria cinzenta do cérebro — a relação da imagem com a realidade desconhecida é a mesma para todos. Os olhos, o nervo óptico, o cérebro e nosso corpo físico, em geral, não deveriam ser isolados desse mundo que nos rodeia; cada um e todos eles pertencem ao mundo da realidade externa desconhecida, a qual produz em nossa consciência aquela imagem que chamamos de mundo, mas que é apenas nosso mundo-imagem.

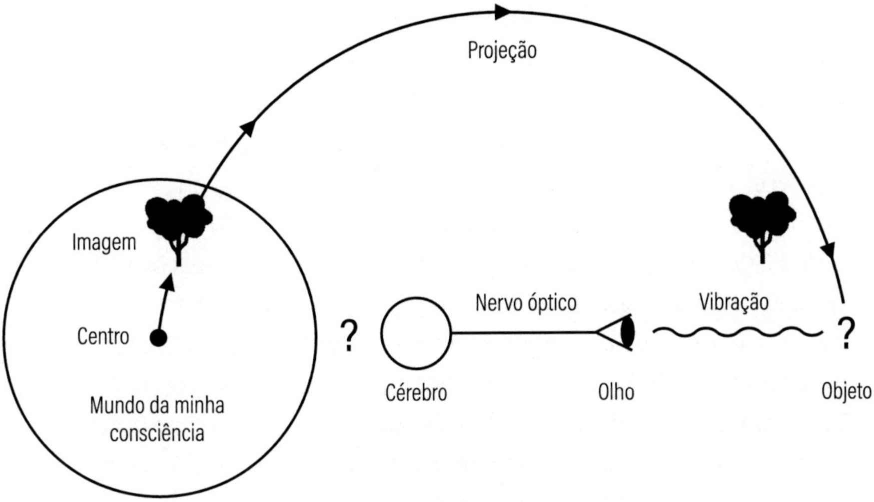

Diagrama 2
Fisiologia da percepção sensorial

É a relação peculiar que temos com o nosso corpo — o elo íntimo que temos com ele e que não temos com relação a qualquer outro objeto no mundo exterior — que nos faz sentir que sabemos tudo sobre a sua realidade, embora outras coisas possam estar cheias de mistério. Possuímos um sentimento interno do nosso corpo que não possuímos em relação a uma pedra ou a uma árvore. Nosso corpo parece parte de nós; por isso esquecemos que ele é parte do mundo exterior tanto quanto a árvore e a pedra, e que nossa percepção dele como um objeto visível e tangível ocorre no mesmo lugar e da mesma maneira que nossa percepção da árvore ou da pedra. Até mesmo o sentimento interno que temos do nosso corpo não passa de uma variação do sentido-percepção que existe apenas para o nosso corpo. Ele também é uma percepção produzida em nossa consciência por uma realidade desconhecida, e, com relação a ele, existe o mesmo mistério que existe em relação à nossa percepção de qualquer outro objeto no mundo exterior.

Isso significa que devemos de alguma forma revisar a nossa concepção do processo de sentido-percepção. Supunha-se que o objeto externo era desconhecido, mas que a vibração por ele emitida, o olho alcançado por essa vibração e o nervo e o cérebro afetado em consequência eram todos aceitos como figuras familiares e conhecidas, nunca colocadas em dúvida como realidades objetivas que existem exatamente como as percebemos. Foram essas conclusões precipitadas sobre o corpo físico como uma realidade independente que causaram a defasagem entre a última mudança no cérebro e a imagem que surge na nossa consciência. Essa defasagem desaparece quando percebemos que o nosso corpo físico, conforme o conhecemos em sua forma e cores, com suas qualidades, é também uma imagem produzida em nossa consciência por uma realidade desconhecida. Assim, a situação passa a ser a demonstrada na Figura III, onde árvore, vibração, olho, retina, nervo óptico, cérebro e corpo físico são um, e todos são retratados como imagens que surgem no mundo da nossa consciência.

Nosso Mundo e o Mundo

É perfeitamente verdadeiro que aquilo que eu considero ser um mundo objetivo é apenas o mundo-imagem produzido em minha consciência, mas é igualmente verdadeiro que esse mundo-imagem é determinado, em suas características, pela natureza das coisas por si mesmas; é a minha interpretação

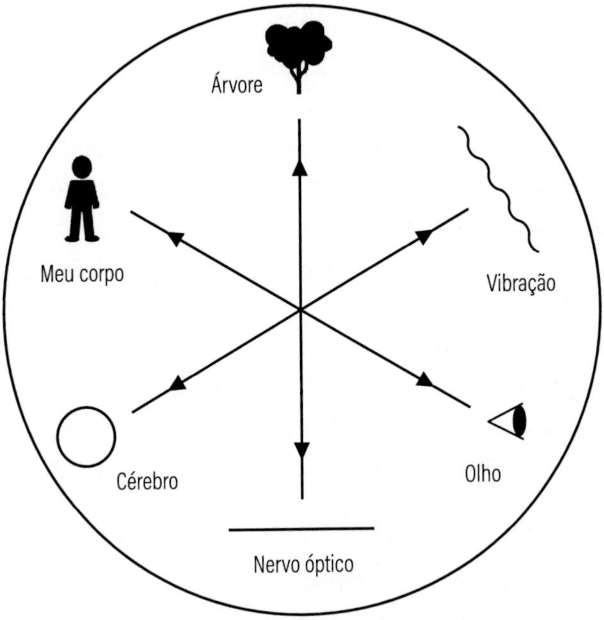

Figura 3: O mundo da minha consciência
Meu corpo e seus órgãos, imagens em minha consciência

delas, parcial e imperfeita, mas sem conter nada que não seja determinado, em princípio ou essência, pela coisa em si. Todo fenômeno em meu mundo-imagem está intima e continuamente conectado com alguma coisa ou evento do mundo da realidade, e o fato de que em algum momento eu possa parar de produzir um mundo-imagem na minha consciência não afeta, por um segundo sequer, as condições no mundo do Real.

A concepção de tudo o que nos cerca como sendo uma imagem em nossa consciência foi representada na Figura III; precisamos agora dar um passo além e reconhecer que existe um mundo Real, que, através da minha consciência, produz ali as diferentes imagens. Na Figura IV, o mundo da nossa consciência com suas muitas imagens é apresentado em sua relação com o mundo. Os círculos menores ao final dos raios que partem do centro simbolizam os mundos-consciência das diferentes criaturas, mais ou menos limitados de acordo com o estágio de evolução em que elas se encontram. Em cada um desses mundos-consciência um mundo-imagem é produzido pela ação das coisas, por si mesmas, sobre aquela consciência em particular; cada criatura apenas conhece seu próprio mundo-imagem.

Quando, portanto, um evento ocorre no mundo da Realidade, é produzida na consciência de cada criatura envolvida uma percepção ou imagem, que é o evento tal como o "vemos".

Não devemos interpretar isso erroneamente. Quando eu pego um livro e o deixo cair no chão, apenas um evento ocorre, e esse evento é o mesmo no mundo do Real. Não há nada de irreal no evento; ele é total, completa e inteiramente real. Mas a minha consciência do evento, ou a forma como ele se apresenta em meu mundo-imagem, é a minha interpretação do evento real, e essa interpretação é apenas relativa ao real — real para mim, não real por si mesma. Portanto, quando, em meu mundo-imagem, estou consciente de pegar o livro e de deixá-lo cair, o que realmente acontece é que no mundo do Real ocorre uma interação entre aquilo que sou naquele mundo, aquilo que meu corpo e, consequentemente, minha mão é naquele mundo, aquilo que o livro e o chão são naquele mundo, e essa interação ou evento é o único evento real que ocorre. O que aparece em meu mundo-imagem é a minha versão, na qual a unidade do evento é partida em medidas de tempo e espaço e em uma infinidade de qualidades. Então, eu exteriorizo meu conhecimento do evento em si e *essa imagem exteriorizada se torna, para mim, o próprio evento*. Irrealidade ou ilusão jamais residem no evento ou coisa em si nem na minha interpretação (que é bastante verdadeira para *mim*), mas sim no fato de eu considerar a minha interpretação como sendo a coisa em si, alçando-a à estatura de uma realidade absoluta e independente. Ainda em referência à Figura IV, podemos ver como um evento que afeta todas as criaturas produz uma versão ou imagem diferente na consciência de cada uma, embora o evento em si permaneça o mesmo. De fato, embora o mundo real seja necessariamente o mesmo para todos os seres, a interpretação desse mundo sempre será diferente para cada um.

A relação do mundo real com a nossa consciência e com a imagem ali produzida é novamente demonstrada na Figura V, mas apenas para uma consciência em particular. Nela vemos como as coisas em si mesmas, conforme existem no mundo do Real, atuam em nosso centro de consciência e, através dele, são projetadas como imagens no mundo de consciência, formando, assim, nosso mundo-imagem. Fica claro como, através da nossa consciência, todas as coisas são viradas pelo avesso; *em vez de percebermos que elas agem sobre nós a partir do nosso interior, olhamos para a imagem que produzimos e nos perguntamos como ela nos influencia a partir do exterior*. Tornou-se um hábito fatal olhar para o exterior das imagens produzidas na nossa consciência e esquecer totalmente que elas são projetadas pela ação da nossa consciência das coisas no mundo do Real. Assim, estamos conscientes apenas do nosso próprio mundo, e, como os prisioneiros na caverna de Platão, ficamos tão acostumados a olhar as sombras que se movem na parede da nossa caverna que esquecemos, e até negamos, a possibilidade de nos virarmos e conhecermos a realidade que projeta as sombras.

Em seu livro *A República* Platão usa essa imagem, com a qual compara os homens a prisioneiros que vivem presos em uma caverna, de tal forma que só conseguem ver o fundo, não a entrada. Atrás deles a procissão da vida se move, diferentes criaturas passam e diferentes eventos ocorrem. Os prisioneiros não conseguem ver tudo isso, mas veem as sombras

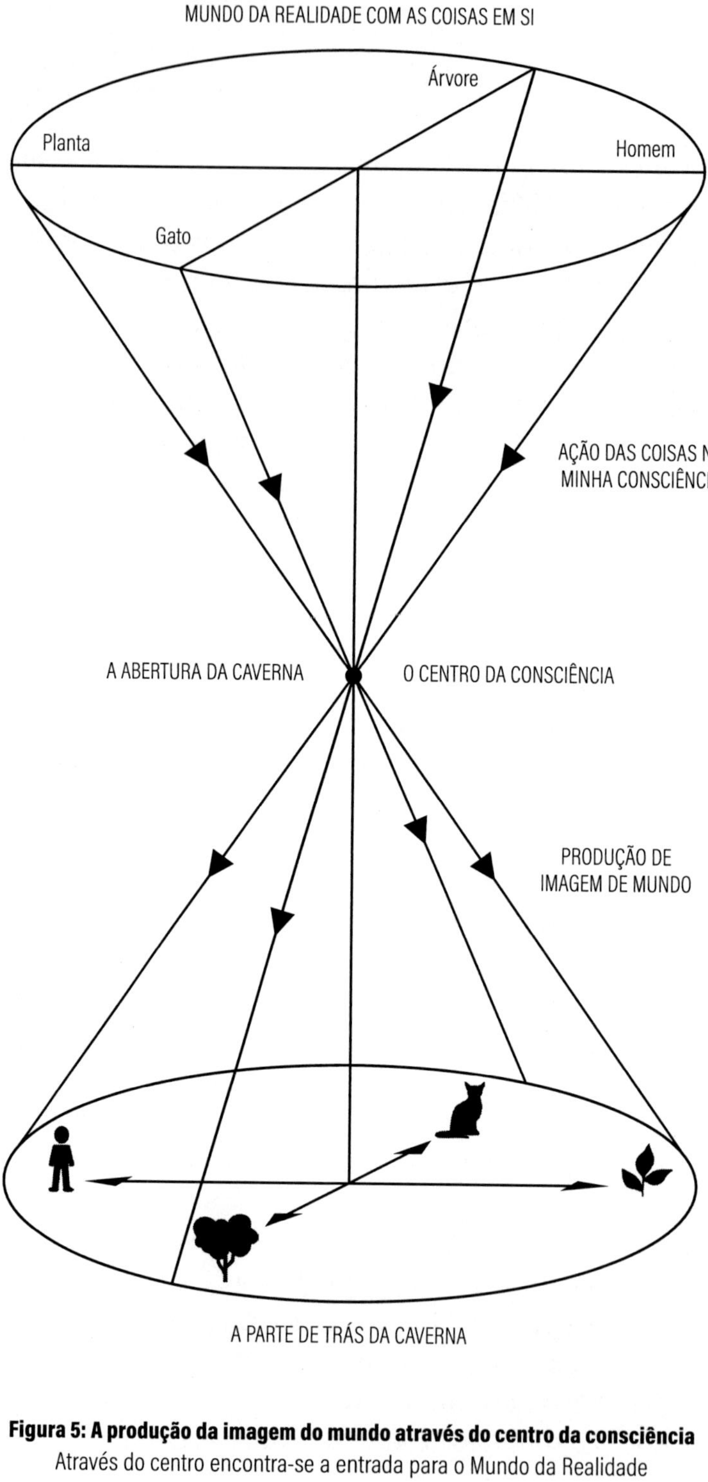

Figura 5: A produção da imagem do mundo através do centro da consciência
Através do centro encontra-se a entrada para o Mundo da Realidade

projetadas sobre a parede da caverna. Essas sombras são a realidade para os prisioneiros, pois são o mundo, e, como eles nunca viram nada além, sequer lhes ocorre que possa haver um outro mundo. Eles podem ter passado a conhecer as diferentes sombras por nomes, e podem até mesmo ter construído algum conhecimento a partir de suas observações da regularidade das sombras recorrentes. Mas durante todo o tempo eles lidam com sombras e não com coisas reais, embora seu conhecimento e sua observação tenham necessariamente certa relação com a realidade lá fora.

De tempos em tempos, um prisioneiro sente a necessidade de se libertar de sua prisão e explorar o outro lado da caverna. Caso tenha êxito, descobre o grande segredo: ali, fora da entrada da caverna, há um magnífico mundo de realidade, um mundo de luz e beleza deslumbrantes, e aquilo que ele costumava ver no fundo da caverna não eram coisas reais, apenas sombras. De início, seus olhos não acostumados com a luz do mundo real estariam cegos; ele só perceberia luz por toda parte. Mas gradualmente, conforme ele se acostumasse com o novo mundo, aprenderia a distinguir entre suas criaturas e objetos, suas cores e formas, e passaria a conhecer esse mundo em toda a sua rica variedade. Será que podemos imaginar como, inspirado pela descoberta maravilhosa que fez, o antigo prisioneiro regressa aos que ainda estão presos na caverna, para lhes contar, cheio de alegria, sobre o mundo glorioso que encontrou lá fora? Mas os homens apenas ririam dele e o chamariam de louco; eles sabem muito bem que o único mundo é o mundo que eles veem no fundo da caverna, e aqueles que descobrem outros mundos, e que chamam o mundo deles de mundo-sombra, não passam de sonhadores.

Nossa vida é como a vida dos prisioneiros na caverna; nós também vemos apenas a parede do fundo, a parede da nossa própria consciência sobre a qual dançam as sombras, as imagens projetadas ali pela realidade que não podemos enxergar. Chegamos a conhecer tão bem o jogo dessas sombras que conseguimos construir toda uma ciência a seu respeito. Essa ciência está correta na medida em que as sombras têm uma relação vital com a realidade que as projeta, mas está sempre condenada a se deparar com mistérios que, no mundo das sombras, jamais poderão ser resolvidos, a não ser que alguém que tenha visto o mundo real introduza nessas ciências um conhecimento mais amplo. Mas ficamos impacientes e incrédulos quando qualquer pessoa nos fala que o mundo que observamos não é o mundo do Real, apenas nosso mundo-imagem. Contudo, entre nós não faltam evidências de homens que, através dos tempos, se libertaram da prisão, derrotaram a ilusão e descobriram o mundo da Realidade, do qual o nosso mundo não passa de uma sombra, uma imagem projetada na caverna da nossa consciência.

Ilusão e Realidade

Entretanto, precisamos ser cuidadosos com a maneira com a qual caracterizamos este nosso mundo como ilusão; de fato, o perigo de uma afirmação incompleta e de um mal-entendido subsequente é tão grande que dificilmente parece possível afirmar a relação como ela realmente é.

Quando dizemos "este mundo ao nosso redor é irreal, é uma ilusão", fazemos uma afirmação enganosa; quando dizemos "este mundo é real, não é uma ilusão", fazemos uma afirmação ainda mais enganosa. Todavia, se pensarmos neste mundo como uma estranha mistura de real e irreal, esse pensamento seria o mais enganoso de todos.

Para começar, o mundo em si mesmo é real; não há nada de irreal em uma cadeira ou em uma mesa, uma árvore ou uma pedra, sobretudo no que chamamos de mundo físico. É um erro comum caracterizar o mundo físico como irreal ou menos real, e algum mundo mental ou espiritual como mais real. O mundo físico *em si mesmo*, a cadeira e a mesa *em si mesmas*, a pedra ou a árvore *em si* são tão reais quanto eu. Mas aquilo que eu chamo de mesa, cadeira, pedra ou árvore é a imagem produzida em minha consciência pela mesa, cadeira, pedra ou árvore, conforme existem no mundo do Real. Essas imagens são apenas relativamente reais, ou seja, elas são reais para mim, na medida em que são a minha interpretação da coisa em si, a sombra projetada em minha caverna. É quando começo a olhar para essa imagem em minha consciência como uma realidade exterior, e a não identificá-la com a coisa em si, que a ilusão acontece. Então, ao contemplar a imagem da coisa, eu acredito que estou lidando com a própria coisa. *Esta ilusão, portanto, não está nem na coisa em si nem na imagem por ela produzida em minha consciência, mas na minha concepção da imagem em minha consciência como sendo a coisa em si, como um objeto que existe independente da minha consciência.*

Esta, portanto, é a estrutura e a relação do mundo real com o nosso mundo. Existe um mundo de Realidade, que, para efeitos de distinção, pode ser subdividido em diferentes "mundos" mais adiante, mas que é essencialmente *um* mundo, o único mundo; quaisquer que sejam as subdivisões que possamos achar convenientes fazer nele, não são marcadas por rótulos nesse mundo real, mas pelas nossas próprias associações e pontos de vista relativos. Esse mundo único é o mundo conforme ele é; nele as coisas são como realmente são. Esse mundo é Vida ou Verdade, ou qualquer outra coisa que podemos chamar de Realidade última; esse mundo é o Absoluto, pois ali está tudo o que existe, existiu ou existirá. Nesse mundo há uma interação entre as diferentes criaturas e objetos, e, como resultado dessa interação, cada criatura percebe, em sua consciência, o mundo-imagem, a sombra projetada pela realidade. Entretanto, uma vez que esse jogo de sombras é tudo o que normalmente conhecemos do mundo real, nós o identificamos com o mundo real e o tomamos como uma realidade independente da nossa consciência, fora de nós. Essa é a grande Ilusão.

Nosso mundo-imagem é, portanto, a forma pela qual interpretamos a realidade: as muitas qualidades de objetos materiais, suas distâncias e dimensões no espaço e suas mudanças no tempo, tudo que pertence à nossa interpretação, à nossa imagem. A árvore no mundo do Real não tem quinze metros de altura, suas folhas não são verdes e suaves, seu tronco não é áspero e duro ao toque, e ela não pesa centenas de quilos. Todas essas qualidades são a minha interpretação da árvore, e são elementos do meu mundo-imagem. A árvore em si, conforme existe no mundo do Real, pode ser retratada como um ponto matemático, mas há algo dentro dela que, a cada vez que reage sobre mim, produz em meu mundo-imagem um certo grupo de qualidades de som, toque, peso e certas medidas no espaço, juntamente com uma certa mudança ou crescimento no tempo. É a minha constituição particular como ser humano que me faz produzir exatamente esse tipo de imagem; a mesma árvore com certeza produz uma imagem diferente em outras criaturas de cuja existência talvez eu nem mesmo saiba.

Por conta da ilusão fundamental, que faz com que eu considere meu mundo-imagem como uma realidade independente, eu passo a encarar minha imagem da árvore como se fosse a própria árvore. Eu presumo espaço e tempo, e a rica variedade de qualidades sensoriais, como realidades independentes que existem ali, fora de mim, e imagino eventos acontecendo dentro desse quadro. Tendo, assim, objetivado e separado da minha consciência aquilo que é uma parte indissolúvel dela, encontro-me cercado por problemas que mente alguma jamais poderá resolver, porque são, todos e cada um, problemas errados, desde o início viciados pela ilusão. Esse é o motivo pelo qual o início da filosofia precisa ser um claro entendimento e até mesmo a *experiência* da relação do nosso mundo-imagem com nós mesmos e com o mundo do Real. A não ser que isso fique totalmente claro desde o início, tornando-se, na verdade, parte da nossa consciência, nós seremos desviados em cada passo subsequente. Mas nossa filosofia precisa ser mais que um entendimento intelectual — cada verdade que obtemos deve se tornar uma experiência em nossa consciência; só assim a filosofia pode ser vital e de real valor na vida humana.

A Experiência do Mundo do Real

Se é verdade que nosso mundo-imagem é uma imagem produzida na caverna da nossa consciência por uma realidade além, é evidente que a nossa primeira tarefa é *percorrer, não apenas em pensamento, mas em realidade, o caminho que leva ao mundo do Real.* É aqui que tantas filosofias falham; elas parecem se satisfazer em expor sua doutrina e não sentem a necessidade de que a doutrina se torne realidade e experiência. Geralmente, tais filosofias não passam de uma estrutura intelectual, estranha à vida, e não o resultado de uma experiência em nossa própria consciência. Entretanto, tal experiência não deveria ser apenas a base de qualquer asserção filosófica — também deveria ser o teste final para qualquer doutrina.

Se olharmos novamente para a Figura V e observarmos como o nosso mundo-imagem é projetado ao nosso redor em nossa consciência, poderemos ver o caminho que devemos seguir; devemos nos afastar das sedutoras imagens que nós mesmos produzimos e nos dirigirmos àquele centro no qual ocorre a produção do nosso mundo-imagem — o fundo da nossa consciência. Isso, a princípio, será a parte mais difícil: abandonar por um tempo o nosso mundo-imagem, renunciar a esse alegre espetáculo de tempo e espaço e de infinitas variedades de qualidades sensoriais. Precisamos renunciar a tudo que seja fenômeno, aparência, imagem, ou seja, o mundo exterior inteiro. Mas mesmo isso não é suficiente. Nosso mundo-imagem é triplo: há aquilo que chamamos de mundo físico, há o mundo das emoções e o mundo do pensamento. A maioria de nós ainda não desenvolveu o despertar da consciência ou autoconsciência no mundo das emoções e no mundo do pensamento, mas, mesmo assim, eles são um pouco mais ou um pouco menos um mundo exterior, como aquele a que chamamos de mundo físico. No simples experimento de transferência de pensamento, podemos testar por nós mesmos a objetividade relativa de um pensamento-imagem; quando partilhamos fortes emoções de uma pessoa para outra (algo que sempre experimentamos quando massas de pessoas se reúnem) podemos ver que uma emoção não é a coisa vaga e interna que pensamos ser, mas que é objetivamente real. Assim, precisamos não apenas renunciar ao mundo físico com suas qualidades sensoriais, mas também aos mundos abarrotados com nossas emoções e pensamentos — precisamos, por um tempo, deixar de permitir que qualquer emoção nos mova ou que qualquer pensamento modifique nossa consciência. Por mais difícil que seja renunciar ao nosso mundo-imagem físico, afastar-nos dos mundos de nossas emoções e pensamentos é ainda mais difícil; requer tentativas regulares e repetidas, algumas vezes se prolongando por muitos anos, até alcançarmos o sucesso.

Façamos, então, o que tão poucos fazem em nossa apressada civilização — fiquemos a sós e em silêncio. Assim, devemos relaxar todos os esforços, renunciar a todas as sensações que nos chegam do exterior, acalmar as nossas emoções e os nossos pensamentos, explorando a profundidade da nossa consciência como um mergulhador que submerge nas águas frias e escuras.

Quando mergulhamos nas profundezas de nossa própria consciência, alcançamos um estado no qual nada mais parece existir, no qual nós mesmos parecemos ter perdido nome, forma e todas as características. Chegamos ao grande Vazio. É o "..." que Shelley canta em seu Prometeu Desacorrentado, na assustadora Canção dos Espíritos que leva Asia e Panthea às profundezas da consciência:

Ao abismo, o abismo
Lá, lá!
Na sombra do onirismo,
Nebulosa lida
Da Morte e da Vida;
Pelo véu e a maré
Do que parece e é,
Até o trono ao longe os degraus.
Lá, lá!

Onde o vácuo abisma,
Lá, lá!
E o ar não é um prisma,
E astro e lua não têm,
E as grutas não contêm,
Do Céu a clareza,
Nem da Terra a tristeza,
Onde alguém, só, permeia, e só, afinal
Lá, lá![5]

Quando alcançamos o Vazio interno, o estado no qual nada mais parece existir, pode parecer que estamos cercados por to-

[5] *Prometeu desacorrentado e outros poemas*, Percy Bysshe Shelley, tradução de Adriano Scandolara, Autêntica Editora (N.T.).

dos os lados por uma parede em branco, e que seja impossível prosseguir mais além. Então chega o momento em que precisamos quebrar os hábitos de anos e, como o prisioneiro na caverna, ousar virar nossas faces para o outro lado e encontrar o caminho para fora, encontrar a realidade, a liberdade.

Precisamos nos mover em uma dimensão que não conhecíamos antes. O prisioneiro na caverna nunca percebeu que havia algo como um mundo *atrás* dele, e agora podemos muito bem imaginar que, quando ele tenta pela primeira vez alcançar a liberdade e deixa de contemplar seu jogo de sombras na parede, nada parece lhe restar; ele também se encontra no grande Vazio.

A primeira parte da nossa jornada em direção à realidade é abdicar de nosso mundo-imagem e nos voltarmos para dentro até alcançar o centro da consciência. A segunda é atravessar esse centro e encontrar a realidade que, agindo sobre esse centro, produz o mundo-imagem na caverna da nossa consciência. A experiência de passar por esse centro de consciência e dele emergir do outro lado, por assim dizer, é semelhante a se virar do avesso. Em nossa consciência estamos voltados para o exterior, para o mundo-imagem que exteriorizamos ao nosso redor. Ao atravessarmos nossa consciência, todo o processo é revertido — experimentamos uma inversão, ou conversão, na qual aquilo que estava fora passa a ficar dentro. De fato, quando logramos atravessar nosso centro de consciência e emergimos do outro lado, não é que percebamos um novo mundo à nossa volta, mas um novo mundo dentro de nós. Parece que estamos na superfície de uma esfera e temos tudo dentro de nós, e ao mesmo tempo estamos simultaneamente em cada ponto dela.

É impossível descrever o mundo da Realidade nos termos do nosso mundo-imagem, que é a única linguagem que dominamos. Como diz Kabir: “Isso que vês, não é. E, para o que é, não tens palavras" (*Tagore*, 49). É um mundo de pura Beleza; entretanto, como expressar uma beleza sem forma, cor ou som, a Beleza não vista da qual Shelley fala? Quando a experimentamos, sentimos que agora estamos conhecendo a beleza pela primeira vez, e que aquilo que costumávamos chamar de beleza em nosso mundo-imagem não passava de uma sombra distorcida. Mas a extraordinária realidade da nossa experiência no mundo do Real é o fato espantoso de nada estar fora de nós. Há uma distinção entre os diferentes seres, as coisas em si mesmas; existe multiplicidade, existe tudo que em nosso mundo-imagem produz a rica variedade de formas externas, e, entretanto, tudo isso está dentro de nós mesmos; quando desejamos conhecer, nós *somos* aquilo que conhecemos.

Através dos tempos, os místicos tentaram descrever suas visões da realidade. O trabalho de Bucke *Consciência Cósmica* apresenta longas descrições do estado místico por aqueles que o experimentaram. A evidência é muito grande para dizer que essas experiências possuem apenas valor subjetivo; elas são subjetivas, como toda verdadeira experiência é, mas, como toda grande experiência, são objetivas em valor e validade.

Plotino, o pai do misticismo intelectual, assim descreve a visão da Realidade, ou Mundo Inteligível, conforme ele o chama em *Enéada* (v. 8,4):

> Neste mundo inteligível, tudo é transparente. Nenhuma sombra limita a visão. Todas as essências se veem e se interpenetram na mais íntima profundidade da sua natureza. Em toda parte, a luz encontra luz. Cada ser contém em si todo o Mundo Inteligível, e também o contempla por toda parte; cada coisa é tudo, e tudo é cada coisa; um esplendor infinito se irradia por todo lado. Tudo é grande, para eles até o pequeno é grande. Este mundo tem o seu sol e as suas estrelas; cada estrela é um sol e todos os sóis são estrelas. Cada um deles, enquanto brilha com o seu próprio esplendor, reflete a luz dos outros. Ali existe o movimento puro, porque Aquele que produz o movimento, não sendo estranho a

> ele, não o perturba na sua produção. O repouso é perfeito, porque não está misturado com nenhum princípio de perturbação. O Belo ali é completamente belo, porque não se detém no que não é belo.[5]

Na experiência mística do mundo de realidade, utilizamos uma faculdade de conhecimento que está apenas começando a despertar. É a intuição, o conhecer sendo, a realização, o *Tertium Organum* de Ouspensky. Sem usar essa faculdade, o mundo do Real não pode ser conhecido, mas não devemos dizer que as coisas por si próprias não poderão ser de todo conhecidas. O anel-não-passará, que Kant desenhou ao redor da coisa em si, existe apenas para aqueles nos quais a nova faculdade ou órgão de conhecimento ainda não está desperto; é como um feitiço lançado sobre toda a humanidade futura, negando-lhe para sempre a possibilidade de conhecer o Real.

Uma verdade emerge da nossa experiência assim como o pico de uma montanha emerge da planície ao redor. Agora percebemos que *nenhum problema filosófico de qualquer espécie pode ser abordado em nosso mundo-imagem*, que só existe uma forma de abordar esses problemas, ou seja: vencer a ilusão de nosso mundo-imagem, entrar no mundo do Real e naquela Realidade, experienciar a Verdade vida.

É apenas na Visão do topo da montanha que conhecemos a realidade. Mas, quando subimos a Montanha da Realidade, precisamos abandonar toda carga de ilusão que nos atrasaria a subida, impedindo-nos de ascender. O peso de nossas estimadas ilusões não pode passar pela alfândega do Mundo real; precisamos abandonar tudo que pertença ao nosso mundo--imagem, do contrário não alcançaremos o topo de montanha e não teremos a Visão.

[5] Tradução livre (N.T.).

Só essa Visão é vida, a Visão é Verdade, Beleza, Paz e Alegria; tendo-a visto, entramos no mundo ao qual pertencemos verdadeiramente. Quando novamente retornamos à nossa vida diária, jogando o jogo de tempo e espaço em nosso mundo-imagem, como é necessário, podemos ainda ver, através do mundo-imagem, a Visão da Realidade que obtivemos; através de toda criatura, todo objeto, todo evento de nosso mundo-imagem, um novo significado e uma nova beleza reluzirá. Tal é a dádiva da Realidade, mesmo para o nosso mundo de ilusão.

Capítulo 3
Intuição e Intelecto

A principal causa de nossa incerteza é o fato de que nossa compreensão do Um não chega até nós através do conhecimento científico nem do pensamento, como o conhecimento de outras coisas inteligíveis, mas através de uma Presença que é superior à ciência. Quando a alma adquire o conhecimento científico de alguma coisa, ela se afasta da unidade e deixa de ser inteiramente uma; porque a ciência acarreta razão discursiva e razão discursiva acarreta multiplicidade. A fim de obter Unidade precisamos, portanto, elevar-nos acima da ciência, e nunca nos afastarmos do que é essencialmente uno; devemos, dessa forma, renunciar à ciência, aos objetos da ciência e a todos os outros direitos, exceto o do Uno.[6]

....

(*Plotino,* Enéada)

A Mente Dupla

A ilusão, portanto, só é parte da realidade quando é reconhecida como ilusão. É quando esquecemos o elemento de relatividade em nosso mundo-imagem e o exaltamos à estatura de uma realidade independente (esquecendo, subsequentemente, que o fizemos) que surge a ilusão. Então começamos a fazer perguntas nascidas da ilusão e permeadas por ela em todas as suas fibras; é quando passamos a abusar da nobreza de nossas mentes, aplicando o intelecto à solução

6 Tradução livre (N.T.).

desses pseudoproblemas. Então nós, juntamente com nosso intelecto, ficamos presos em nosso próprio mundo-imagem, e nos tornamos escravos da nossa própria criação, vítimas do nosso próprio engano. Daí por diante, nossa natureza se torna dupla: por um lado, nosso ser verdadeiro no mundo do Real, funcionando livremente, com visão clara; e, por outro, nosso ser exteriorizado em nosso mundo-imagem, preso às suas ilusões e condenado a participar da *danse macabre* de nosso mundo fenomênico. Neste mundo, nosso próprio mundo-imagem, nosso pensamento é desvitalizado, nosso método de conhecimento é um processo confuso, no qual estudamos o jogo de sombras que nos cerca, aprendendo a distinguir entre suas diferentes facetas. Esse funcionamento improdutivo e sem inspiração de nossa mente no cativeiro do nosso próprio mundo-imagem eu chamo de *intelecto*; o uso livre da mente viva no mundo do Real eu chamo de *intuição*.

A diferença entre intuição e intelecto é a diferença entre vida e morte; a intuição é imediata, certa, criativa e progressiva; o intelecto é árido, estéril, indireto em seus métodos, incerto em suas conclusões e incapaz de enxergar a verdade. Nos primeiros estágios de nossa evolução, nosso caminho para o conhecimento era o do instinto, que é irracional e direto no seu conhecimento. Assim, o homem primitivo conhece os caminhos da Natureza de uma forma que não conseguimos igualar; assim, o animal sabe instintivamente coisas que o homem leva dias ou até anos para compreender. Basta-nos comparar a certeza absoluta com a qual as aves migratórias encontram seu lar (uma questão de metros quadrados sobre toda a superfície do globo) aos atrapalhados métodos dos quais o homem intelectual necessita a fim de encontrar seu rumo: mapas e compassos, sextantes e intricados cálculos, o movimento dos corpos celestes e pontos de referência na superfície da Terra, sem os quais fica desamparado.

Com o surgimento do intelecto, o conhecimento instintivo desaparece; a unidade inconsciente da vida, que tornava possível o instinto, é temporariamente desligada pelo crescente sentido de separatividade e individualidade que possibilitou o surgimento do intelecto. Quando o homem deixa de ouvir a voz interna do conhecimento instintivo, precisa se orientar através do laborioso método de reunir fatos sobre o mundo que o cerca, e, através da análise e distinção deles, chegar ao conhecimento de princípios internos. Assim, o caminho do intelecto é um estágio necessário, mas não há dúvida de que o conhecimento do homem neste período carece de vida criativa. Seu próprio mundo-imagem o mantém em cativeiro, aprisiona a mente em suas limitações e ilusões. Consequentemente, a mente aprisionada fica sujeita à grande ilusão do mundo-imagem, como se este fosse uma realidade objetiva.

Entretanto, chega um tempo em que o poder da ilusão enfraquece e a mente liberta tem, novamente, a Visão do Real. Com isso, a intuição começa a se desenvolver como uma forma de conhecimento, combinando em si a imediatez do instinto e o conhecimento consciente fornecido pelo intelecto. O instinto é um conhecimento inconsciente que os homens primitivos possuem mas não sabem o porquê, não podem exprimir conscientemente aquilo que lhes fala do interior. Na intuição ocorre o mesmo lampejo de conhecimento direto, mas agora a grande estrutura do intelecto já foi construída ao longo do tempo, e através dela o conhecimento intuitivo pode descer para a nossa vida cotidiana em plena consciência. Sem essa estrutura, sem o intelecto como instrumento, o pensador interno não seria capaz de interpretar a sua visão em uma linguagem inteligível para seus companheiros; o artista pode sempre ser grandioso, mas ele precisa de um instrumento para se expressar.

Devemos analisar por que o uso indiscriminado do intelecto na filosofia é tão cheio de perigos. Na medida em que o intelecto é escravizado pela ilusão do mundo-imagem como uma realidade externa, ele não duvida da existência objetiva desse mundo-imagem como um mundo exterior substancial à nossa volta. Isso quer dizer que ele aceita todas as características do nosso mundo-imagem como realidades objetivas – as qualidades da matéria, a substancialidade dos objetos, a realidade objetiva de tempo e espaço, a diversidade e separatividade das criaturas manifestadas, todos esses são elementos cuja realidade objetiva não é posta em dúvida enquanto a mente estiver escravizada pela ilusão. Quanto, sujeito à ilusão, sem sequer suspeitar de sua existência, o homem começa a fazer perguntas sobre os grandes problemas da vida, é inevitável que cada uma dessas perguntas seja formulada do ponto de vista do mundo-imagem como uma realidade externa, ou seja, cada pergunta está permeada por aquilo que descobrimos ser a ilusão fundamental da nossa vida cotidiana. Assim, essa ilusão não apenas colore cada questão que formulamos; ela está, frequentemente, no próprio cerne da questão. Isso significa que, sem suspeitarmos, entra no próprio tecido dos nossos problemas e questões filosóficas um elemento de ilusão por meio do qual tais questões tornam-se monstruosidades – são viciadas, incapazes de fornecer uma solução, uma vez que estão enraizadas no erro.

Todas as questões que dizem respeito, por exemplo, ao início dos tempos ou ao início da criação, demonstram na própria natureza do problema que isso envolve uma aceitação irrefletida do tempo como uma realidade objetiva; elas são, consequentemente, problemas sobre os quais podemos refletir por anos, mas que jamais poderemos resolver. De fato, se afirmamos ter resolvido tal problema, estamos condenados por nossa própria afirmação. O mesmo se dá com a aceitação irrefletida de espírito e matéria, ou *eu* e *não eu*, como uma verdadeira dualidade. Infinitas teorias foram propostas a fim de reconciliar esses dois, seja pela eliminação de um deles ou por uma espécie de consenso no qual ambos são vistos como aspectos eternamente opostos de uma grande realidade. Por mais brilhantes que sejam essas soluções, estão todas condenadas ao erro, uma vez que aceitam, inquestionavelmente, o problema tal como ele é apresentado, sem primeiro investigar se ele não é, em si mesmo, um produto de um equívoco. Podemos adicionar muitos problemas do gênero; em capítulos posteriores, teremos ampla oportunidade de apresentar exemplos dessas questões equivocadas que, no entanto, constituem os problemas centrais da filosofia. Mas, atualmente, é necessário ver por que o intelecto é insuficiente como método filosófico e aproximação da verdade.

O intelecto, como a mente presa à ilusão, só pode trabalhar sob as limitações do nosso mundo-imagem. A estrutura fundamental desse mundo-imagem é a da dualidade, comigo de um lado e todo o resto do outro — eu e não eu. Assim, o intelecto aceita, necessariamente, a separatividade de todas as coisas como um fato básico; aceita inegavelmente a "alteridade" do mundo ao redor e, em todas as suas cogitações, não pode nunca se livrar do peso dessa estrutura básica na qual está aprisionado. É possível para o intelecto reconhecer teoricamente a existência da unidade (unidade da vida, unidade de energia ou o que quer que possamos classificar como algo que une todas as coisas), mas, mesmo assim, a separatividade e a multiplicidade se impõem muito mais fortemente, de forma que a concepção de uma unidade fundamental se torna apenas uma sombra pálida ao lado de sua interação variada e colorida. Os próprios métodos do intelecto — distinguir entre uma coisa e outra, analisar uma coisa em seus elementos componentes, aprender a observar as mínimas diferenças entre um caso e outro — todos eles apontam para a separatividade e multiplicidade como o seu domínio. Para obter dados, o intelecto precisa confiar em um sentido-percepção e na dedução a partir de princípios básicos, através dos quais ele constrói suas teorias e sistemas.

Na medida em que a ciência afirma investigar e explorar apenas esse mundo externo que nos cerca, o intelecto é um instrumento suficiente para a ciência, embora até mesmo nas conclusões de investigações científicas a intuição desempenhe um papel muito maior do que estamos aptos a considerar. Fundamentalmente, entretanto, o sentido-percepção, analisado e coordenado pelo intelecto, é o método da ciência, e, uma vez que a ciência não se preocupa prioritariamente com os problemas fundamentais da vida, não há objeção a ser feita contra a importância do lugar que o intelecto ocupa no seu trabalho. Apenas quando adentramos os domínios da filosofia, com a sua busca pela realidade última, é que precisamos reconhecer a insuficiência do intelecto e usar conscientemente a intuição como método de conhecimento. Pois na filosofia devemos lidar com as relações entre nós mesmos e o mundo que nos rodeia, e deste mundo com a realidade última — relações sobre as quais o intelecto é tão confiante, aceitando-as como parecem ser. Através da aceitação de uma estrutura dupla do mundo e da multiplicidade como característica desse Universo, o intelecto nunca pode fazer mais que ver uma coisa ou outra como verdadeira. Para ele, o mundo não pode ser um e muitos ao mesmo tempo, e, mesmo que ele reconheça teoricamente essa possibilidade, não consegue percebê-la como um fato. Consequentemente, nunca pode reconhecer mais que meias-verdades, e as defende com o máximo vigor.

É essencial que, na filosofia, estejamos conscientes do método que usamos, conscientes do órgão com o qual trabalhamos na realização da verdade, e conscientes tanto das possibilidades quanto das limitações. Ambos, intuição e intelecto, possuem seu lugar no método da filosofia, ambos possuem tarefas e ambos possuem limitações. O intelecto, sendo a mente que funciona nas limitações do mundo-imagem, pode e deve servir como uma *técnica* através da qual o artista interno, a intuição, possa tornar visível sua percepção da beleza ou da verdade. A intuição, percebendo a verdade no mundo do Real, é o verdadeiro órgão da filosofia; sem sua luz criativa, o intelecto não passaria de uma técnica sem inspiração, árida e sem vida. Por outro lado, a visão da verdade que é obtida no mundo do Real, e apenas *ali*, precisa da técnica do intelecto para ser transformada em uma linguagem inteligível para os demais, ou mesmo para nós mesmos, em nossa consciência diária. Mas precisamos perceber as diferentes tarefas e funções do intelecto e da intuição. Se falharmos, é possível que façamos do intelecto o descobridor da verdade e não seu expositor, e da filosofia um jogo intelectual, desprovido de vida criativa.

A tragédia é que a maior parte das pessoas são incapazes de distinguir entre o pão da vida da intuição e as áridas pedras do intelecto; em seus estudos, consomem com igual imparcialidade um e outro, e estão tão prontas a condenar o trabalho da intuição como "puramente intelectual" quanto a venerar as cascas do intelecto como se fossem os frutos da intuição. O intelecto não passa de um esqueleto, mas, para muitos, o chocalhar de seus ossos é uma linguagem tão doce quanto a voz da intuição; ouvem com igual reverência a ambos, ou, ao contrário, condenam ambos no mesmo fôlego. Podemos encontrar muitos exemplos desses casos em que ou o intelecto se faz passar pela intuição ou a voz da intuição é confundida com a do intelecto.

Entretanto, existe muito mais conhecimento intuitivo na vida de todos nós do que percebemos. Quantas vezes, ao conhecer uma pessoa ou ao entrar num lugar, não temos um lampejo de intuição que, com certeza infalível, nos leva ao âmago das coisas e nos dá um conhecimento muito mais profundo do caráter da pessoa ou da natureza do lugar do que um longo processo de raciocínio ou dedução a partir de elementos externos poderia fornecer? Nossas primeiras impressões são geralmente dessa natureza; antes que uma pessoa tenha falado alguma coisa, já sabemos o que ela significará para nós, se gostaremos dela ou não, se confiaremos nela e a seguiremos como líder. Tudo isso é conhecimento intuitivo, e, naturalmente, nos primeiros estágios do desenvolvimento da intuição, passível de ser confundido com mero preconceito. Todavia, a intuição possui um papel muito maior em nossa vida do que percebemos. O mesmo se dá com o conhecimento científico; mesmo ali há um lampejo de intuição que fará com que o cientista veja a verdade que, mais adiante, inspirará seus futuros experimentos. Percebemos que a filosofia e também a ciência, na medida que foram verdadeiramente construtivas, sempre utilizaram o método da intuição (por algum tempo de forma inconsciente), e que o intelecto é, em grande parte, apenas uma técnica pela qual a percepção dada pela intuição é transmitida a outros ou se torna clara para nós mesmos.

Conhecimento Intuitivo e Prova Lógica

Há duas falácias que, nesta fase, precisamos encarar – a da prova lógica que conduz à verdade e a de que a intuição não desempenhou qualquer papel na verdade assim revelada.

O *método lógico de exposição* de qualquer doutrina ou teoria é aquele no qual cada afirmação segue a anterior, de forma que aquilo que é dito na última afirmação está contido, a princípio, nas anteriores, e nada de novo é introduzido sem estar propriamente conectado. Tal lógica, com suas regras e princípios e mais nada de novo, é introduzida sem ser propriamente conectada. Essa lógica, como suas regras e princípios, significa obediência a uma lei de causa e efeito mental, toda a cadeia de raciocínio sendo conectada causalmente com certas premissas ou axiomas, que assim são elaborados logicamente. A lógica é o método do intelecto, é a técnica intelectual e é, em si mesma, sempre improdutiva. É essencial, pois sem ela não podemos explicar para a nossa consciência comum a verdade que a intuição pode ter percebido, mas a lógica nunca revela a verdade através de seu próprio poder.

O raciocínio matemático talvez seja o mais puro exemplo do método lógico; entretanto, na matemática, nada de novo é apresentado como verdade e as conclusões a que chegamos estão contidas nos princípios e axiomas dos quais partimos, mesmo que não os reconheçamos ali. Os próprios axiomas são autoevidentes para nós; não pensamos que eles devem ser comprovados, pois os reconhecemos intuitivamente. Assim, toda prova matemática é baseada em princípios que não podem ser comprovados, e uma vez que, ao trabalharmos em um problema matemático, nunca contribuímos com nada de novo, apenas desenvolvemos em um processo de argumentação certas conclusões a partir dos nossos princípios, essas conclusões se assentam, em última análise, na intuição, que aceitou sem provas a verdade dos axiomas. Portanto, se aceitarmos diferentes axiomas como verdadeiros, nossa matemática e nossas conclusões serão correspondentemente diferentes. A nova matemática apresenta muitos exemplos disso, e suas conclusões são necessariamente diferentes daquelas da matemática euclidiana e da mecânica clássica, baseada nesta última. Daí também a diferença entre a nova física, baseada na nova matemática, e a física antiga.

Assim como é na matemática é na filosofia — de acordo com os princípios dos quais partimos e que consideramos autoevidentes, alcançamos certas conclusões que aparentam ser logicamente verdadeiras, mas que, em realidade, já estão concebidas nos princípios dos quais partimos e que havíamos reconhecido intuitivamente. Portanto, também na filosofia a lógica é o *método de exposição*, e como tal é extremamente valiosa, mas não produz a verdade; apenas a intuição pode reconhecer a verdade.

Ansiamos por ver nossas crenças favoritas serem logicamente comprovadas; de fato, a maioria de nós é viciada em provas, que para nós são o selo da respeitabilidade intelectual. Uma doutrina que nos é apresentada sem provas é como um estranho sem documentos ou recomendações; olhamos para ele interrogativamente e quase não conseguimos aceitá-lo em seu próprio valor enquanto ser humano. Ele também precisa ser "comprovado" por nós, elc precisa estar conectado a uma cadeia de quantidades conhecidas que compõe a nossa vida convencional. Uma doutrina ou verdade que se apresenta sem provas, no simples valor da sua própria nobreza, é um fator perturbador para a maioria dos homens, assim como seria o estranho sem nome ou nacionalidade. Nós a tememos, ela é para nós uma invasão de um mundo desconhecido. E assim é — uma invasão de outro mundo, do único mundo real, o mundo da Realidade; é a visão da verdade, ou intuição, que, naquele mundo, compreende com a velocidade de um raio e com certeza imediata, e envia sua mensagem de verdade para o embotamento de nosso intelecto aprisionado pela ilusão. O intelecto fica perplexo com essa visita do alto. É como se um Deus do alto Olimpo descesse a uma sala de estar de subúrbio; haveria uma consternação e uma impotência em face do desconhecido. Temeríamos um estranho desnudo que descesse do mundo da divindade para se introduzir em nosso meio, e nos apressaríamos em vesti-lo com roupas respeitosas, apresentando-o ao mundo das convenções como nosso primo estrangeiro. Dessa forma, ele estaria conectado ao nosso mundo convencional, seria o filho de alguém, teria um nome e um país de origem.

Da mesma forma sub-reptícia, nosso intelecto desnorteado veste o estranho visitante do alto — a intuição. Quando ela lampeja em nosso confortável e bem ordenado mundo, recebe rapidamente as vestimentas da lógica, antes que nossos vizinhos a possam ver, e é apresentada a todos como o rebento lógico de premissas bem conhecidas. Então, e só então, sentimos que podemos aceitá-la com segurança, sem nos comprometermos por nossa associação com a divindade.

Não existe uma filosofia importante que não tenha conhecido tal visita do alto, que não esteja enraizada na revelação. Quando lemos sobre as vidas ou cartas dos grandes filósofos, descobrimos como, em sua juventude, e talvez por muitos anos, eles refletiram sobre os problemas da vida, sentiram a fome, o anseio por saber, conheceram a ânsia pela verdade, e com cada átomo de seu ser se esforçaram em direção ao desconhecido. Por anos leram e estudaram, nos livros dos homens ou no Livro da Vida, reunindo a matéria-prima a partir da qual a mente criativa pode construir sua estrutura. Mas para todos eles chegou um tempo no qual, por um breve momento, o véu foi levantado e eles tiveram sua revelação, experimentaram a verdade viva. Nietzche não conta que, ao caminhar pelas florestas de Sils-Maria, os céus se abriram e o mundo da verdade falou com ele com uma voz diminuta? Em tais momentos, geralmente quando o intelecto está desativado e se detém apenas ligeiramente na vida, a visão da intuição irrompe como um relâmpago sobre a escuridão da nossa vida mental, e então *sabemos* com toda a certeza.

Assim, no domínio da ciência, houve um momento de iluminação na vida de Newton em que ele observou a queda de uma maçã e encontrou o que procurava. Sem dúvida, naquele momento a sua mente não estava lidando com problemas grandes e pesados; talvez estivesse apenas recordando um pequeno acontecimento da vida quotidiana e se entregando à serenidade do momento. Mas é exatamente nesses raros silêncios da nossa vida agitada que a intuição pode falar conosco; é apenas quando o intelecto, preso à ilusão com a sua ruidosa autoafirmação, se cala durante algum tempo que a voz da verdade viva pode ser ouvida. O momento de iluminação pode muito bem ser o resultado de anos de busca mental, suscitando por indução, por assim dizer, uma atividade correspondente no mundo do Real, onde a mente livre vê a visão e fala à mente aprisionada. Mas é sempre o lampejo da intuição que nos mostra a verdade e coordena o nosso material intelectual laboriosamente reunido.

Demonstraríamos uma revigorante sinceridade se, um dia, nos encontrássemos em condições de reconhecer estes nossos filhos nasceram da visão da verdade, sem sentir o impulso da respeitabilidade para conferir a eles um resultado legítimo e inevitável de raciocínio lógico. Em vez de dizer, no início de nossa exposição, "isto eu vi, portanto sei", assumimos um falso ar de inocência e ignorância, e, após raciocinar logica e profundamente por muitas centenas de páginas pesadas, apresentamos como nossa conclusão a única coisa que estávamos almejando todo o tempo, e com surpresa bem simulada ficamos encantados com o maravilhoso resultado do nosso raciocínio lógico. Nós "comprovamos" a nossa verdade, nenhum traço da transgressora intuição pode ser encontrado em nossa exposição lógica; não está evidente que começamos a raciocinar com uma mente totalmente imparcial e que a nossa doutrina é o resultado lógico da nossa exploração intelectual? Somos como o mágico que tira um coelho da cartola onde ele o tinha ocultado durante todo o tempo, mas que aparenta ser o resultado maravilhoso de seus passes e encantamentos. Assim, nossos cientistas e filósofos sempre assinam seus cansativos encantamentos por meio de muitos tomos pesados, e, como o mágico, produzem ao final seu coelhinho, quando na verdade o tinham no bolso desde o início do primeiro capítulo.

É muito raro, mesmo na ciência, que uma descoberta surja de experiências que não tendiam nessa direção. Geralmente, a intuição vê uma explicação ou teoria possível e as experiências que depois a comprovam não passam de um teste da hipótese ou teoria já existente. Colombo sabia que chegaria à terra navegando para Oeste, e o comprovou com a sua ação.

Entretanto, não devemos nunca desprezar a exposição lógica e a prova. Elas são valiosas, são essenciais para uma apreciação intelectual completa, mas não são produtivas. Apenas quando a lógica e a prova afirmam ter produzido a verdade e provado que não pode ser de outro modo, que nos confrontamos com elas, e que se torna necessário colocá-las numa posição mais humilde, embora igualmente necessária, que é a sua posição por natureza. O que precisamos superar é a nossa infundada suspeita da intuição, como se ela fosse um estranho vindo do nada; precisamos começar a perceber, especialmente em filosofia, que tudo o quanto o homem sempre pensou de algum valor na história da filosofia, ele ensinou como resultado de um conhecimento interno e direto da verdade a que chamamos de intuição, e não como o prodigioso resultado de um raciocínio cansativo.

A filosofia oriental nunca pretendeu ter obtido seus resultados pela lógica e prova, mas sempre afirmou claramente suas doutrinas dizendo: "Assim eu sei." Como consequência, tratados como a *Bhagavad-Gitā*[7] e o *Tao Te Ching* consistem em uma série de aforismos ou axiomas filosóficos sobre os quais precisamos pensar e ponderar, para compreendê-los totalmente em seu contexto. Uma grande vantagem desse mé-

[7] *Bhagavad-Gitā, A Canção do Senhor*, Tradução Annie Besant. Brasília: Editora Teosófica, ed. bolso (2014) e ed. luxo (2022). (Nota Ed. Bras.)

todo de filosofar é a brevidade de livros produzidos; em comparação com os pesados tomos da filosofia ocidental, os breves tratados orientais são como um refrescante sopro celeste.

Não sei se perderíamos algo de real valor ao seguir esses métodos, pois o nosso raciocínio lógico, a nossa prova e contraprova, nunca convencem ninguém de uma teoria que não se reconhece internamente como verdadeira. Um raciocínio conclusivo e uma prova aparentemente irrefutável podem parecer bem-sucedidos no momento, e nos deixam sem palavras e aquiescentes, mas quando voltamos para casa estamos tão pouco convencidos quanto antes; tudo o que se obteve foi nosso relutante consentimento temporário, por falta de um contra-argumento adequado. Daí a futilidade de debates; a inteligência mais ágil e a pronta resposta ganham o dia, no lugar da maior sabedoria.

É necessário, entretanto, a faculdade de discernimento e de reconhecimento da verdade se quisermos distinguir entre a sabedoria viva, mesmo quando nos chega em trajes simples e despretensiosos, e uma brilhante mas vazia resplandescência intelectual, mesmo que ela apareça com toda a rica e ornamentada roupagem que a argumentação inteligente e a resposta adequada fornecem. Existem poucos, nestes dias de culto ao intelecto, capazes de reconhecer a voz da intuição; no entanto, se falta a intuição, ela não pode ser substituída pelas muletas da lógica e do argumento.

Para muitos, o reconhecimento intuitivo da verdade como uma forma legítima de conhecimento está associado a ideias de incerteza e imprecisão. Sentem que, quando uma doutrina é apresentada com base num argumento lógico e num raciocínio conclusivo, ao menos há algo para apoiá-la, e, mesmo que o argumento ou a lógica não possam provar exatamente o que se pretende, eles fornecem, não obstante, um padrão para a nossa aprovação ou condenação. Quando, entretanto, tudo que nos é apresentado é a intuição de alguém de que isto ou aquilo está correto, como podemos distinguir entre uma intuição correta ou equivocada, e como podemos nos proteger contra o erro? Mas como é que podemos nos precaver contra o erro atualmente, enquanto a intuição é apenas disfarçada pelo raciocínio e pela assim chamada prova? Especialmente em filosofia, já deveríamos a esta altura estar habituados ao fato de não existir uma doutrina ou teoria que não tenha sido aprovada em uma ocasião e conclusivamente refutada em outra. Na realidade, quando o analisamos, percebemos ser o nosso julgamento atual tão intuitivo quanto seria se a doutrina tivesse nos sido apresentada em seu valor intrínseco, sem a pretensão de prova. O que acontece agora é que não precisamos ter medo de admitir nossas crenças, porque elas estão revestidas com as respeitáveis vestes da lógica. É o medo que nos detém, medo de abandonar o único apoio conhecido pelo nosso intelecto – argumento e prova lógica. À medida que a intuição passa a ser mais amplamente reconhecida como um caminho legítimo para o conhecimento, a incerteza que atualmente acompanha sua visita ocasional vai desaparecendo; um novo órgão ou função sempre será incerto em seus trabalhos iniciais. Pode ser tranquilizador, no entanto, saber que os maiores mestres de todos os tempos sempre apresentaram suas conclusões sobre seu valor interior como intuições; não encontramos Cristo ou Buddha provando conclusivamente que aquilo que dizem é correto, ou raciocinando logicamente sobre suas doutrinas. Eles podem dispensar tais provas fictícias e, ainda assim, falar como nenhum homem jamais falou, e as centenas de milhões que os seguiram encontraram convicção suficiente em suas palavras, através do próprio espírito da verdade que falou através deles. Somente quando esse espírito está ausente é que prova e raciocínio lógico devem preencher a lacuna e disfarçar o vazio interior.

Entretanto, devemos sempre reconhecer o valor do raciocínio lógico e da prova intelectual como uma *técnica* para comunicar aos nossos semelhantes aquilo que sabemos internamente. Eles enriquecem a doutrina que trazemos e a conectam com tudo que nos é familiar e conhecido, quando apresentada não como um fato nu e cru; esta será sempre a forma adequada de apresentar uma doutrina ou verdade no domínio da ciência, uma vez que aí a experiência que corrobora a afirmação constitui a prova. Em filosofia, tal prova experimental é apenas raramente (se alguma vez) possível.

Ciência e Filosofia

É essencial que possamos entender os respectivos domínios da ciência e da filosofia. A ciência investiga o mundo como ele aparece em nosso mundo-imagem, e não está especialmente interessada na relação desse mundo-imagem com alguma realidade última ou com a forma pela qual ele é produzido em nossa consciência. Assim, a ciência não trata do mundo do Real, mas sim das aparências ou fenômenos em nossa consciência. Ela está satisfeita por aceitar esse nosso mundo-imagem como uma realidade independente e esquecer, ou mesmo negar, sua vital relação com a nossa consciência. O resultado é que a ciência, em grande medida, ainda está sujeita às limitações do nosso mundo-imagem e partilha de suas ilusões. Ela não trata das coisas como elas são, mas sim das coisas como elas parecem ser; suas leis são as sombras da verdade viva.

Não devemos cometer o erro de confundir os domínios da ciência com os da filosofia, por mais que eles se iluminem mutuamente e supram as deficiências um do outro. A filosofia trata dos princípios e das realidades fundamentais que são o alicerce eterno do nosso mundo, a ciência trata da multiplicidade de fenômenos através da qual esses princípios se manifestam para nós; a filosofia trata do porquê, a ciência do como; a filosofia procura a natureza última do ser, a ciência está preocupada com as funções e com o funcionamento deste mundo de formas que nos rodeia. Se a ciência se ocupa com o lado da forma apresentada pelo nosso mundo-imagem, a filosofia se ocupa com o lado da vida, a ser abordado na e através da nossa própria consciência. A introspecção é tanto o método do filósofo quanto a observação de fenômenos externos é o método do cientista. Assim, ambos, respectivamente ocupados com os fenômenos ou as aparências externas e com as realidades ou os princípios finais internos, são suplementares e igualmente necessários para a total compreensão do mundo.

Seria apenas intolerância infantil se, por um lado, o cientista desdenhasse a filosofia como vã especulação ou, por outro, o filósofo desprezasse o trabalho do cientista como se este se ocupasse apenas com o irreal. Para conhecer a realidade última, o cientista sempre terá que recorrer ao filósofo, assim como o filósofo terá que solicitar ao cientista informações e conhecimentos a respeito dos variados detalhes do mundo das aparências e da forma como as coisas funcionam. Assim, precisamos da filosofia para obter as respostas definitivas e da ciência para o conhecimento e controle das forças naturais; seria igualmente equivocado perguntar à filosofia a temperatura exata sob a qual a água ferve a uma certa pressão, assim como perguntar à ciência o significado do mal ou a relação deste mundo com a sua Causa última. A filosofia é tão impotente para produzir um automóvel ou um telescópio quanto a ciência para responder sobre o propósito da vida, a relação do tempo com o eterno ou a medida da liberdade da vontade humana. O desprezo mútuo entre filosofia e ciência é tão prejudicial quanto infundado, mas devemos estar sempre atentos para não questionar um campo sobre um assunto que pertence ao domínio do outro. Uma resposta científica para uma pergunta filosófica será necessariamente insatisfatória, fora de contexto, assim como uma solução filosófica para uma questão científica será vazia de sentido e sem valor científico. Honraremos ambos os campos melhor se compreendermos as suas respectivas esferas de conhecimento, coordenando-as para seu maior benefício, sem confundir suas respectivas tarefas.

Nos tempos medievais, a ciência e a filosofia eram uma só coisa, numa confusão prejudicial ao desenvolvimento de ambas; desde o tempo de Bacon a ciência e a filosofia divergiram cada vez mais, até que, no século dezenove, pareciam se excluir mutuamente; agora, no século vinte, elas devem ser coordenadas, não mais confundidas como na Idade Média, mas vistas como uma unidade na qual cada uma possui sua própria tarefa e função, bem definidas e distintas umas das outras.

Ocultismo e Misticismo

É interessante ver como a diferença essencial e o caráter mutuamente suplementar da filosofia e da ciência também são evidentes em suas respectivas extensões ao misticismo e ao Ocultismo. É na Teosofia moderna que encontramos uma apresentação mais clara desses dois, especialmente do último — o Ocultismo.

O Ocultismo afirma que o mundo físico não é o único mundo que pode ser investigado cientificamente; ensina que existem mundos de matérias mais sutis que podem ser explorados cientificamente por aqueles que tenham desenvolvido as faculdades de percepção naqueles mundos, que podemos chamar de sentidos ocultos, como a clarividência em diferentes níveis, a clariaudiência e outras faculdades semelhantes.

Não há nada improvável ou impossível em uma extensão do sentido-percepção para além dos limites dos nossos cinco sentidos usuais. É de conhecimento comum que, mesmo dentro da esfera dos sentidos usuais, existem diferenças apreciáveis com relação aos limites da percepção; algumas pessoas, mais que outras, perceberão uma vibração mais rápida do ar como sendo um som, ou verão uma vibração mais rápida do éter como sendo luz. Além de uma maior sensibilidade da percepção comum, existe a evidência da assim chamada transposição das funções dos sentidos comuns para quase todas as partes do corpo. Richet, em seu trabalho *Thirty Years of Psychical Research*, fala sobre uma pessoa que, em estado de hipnose, tinha a faculdade da visão temporariamente localizada na ponta dos dedos, de forma que podia ler uma página impressa com as mãos, em vez dos olhos. Este experimento e outros semelhantes apontam para a possibilidade de um sentido-percepção que não os cinco sentidos usuais, e para a existência de um sexto sentido independente dos órgãos sensoriais físicos.

Nós mesmos, em nosso dia a dia, podemos nos deparar com casos em que um conhecimento sobre um evento é obtido sem que haja qualquer evidência da atuação de um sentido. O conhecimento da doença ou morte de um amigo distante, de um acidente ou catástrofe ocorridos à distância, ou mesmo de um evento no futuro, são obtidos por meio de um sentido interior que transcende os cinco sentidos físicos. Finalmente, há a evidência daqueles que afirmam ter desenvolvido, conscientemente, sentidos que não estão normalmente desenvolvidos no homem, mas que presumivelmente podem ser desenvolvidos por aqueles que seguem o treinamento necessário.

Assim como encontramos, na Teosofia moderna, o Ocultismo ou o psiquismo apresentados como extensões da ciência, encontraremos o misticismo filosófico apresentado como uma extensão da filosofia. A doutrina fundamental da Teosofia, a da unidade de toda a vida, pertence a esse domínio do misticismo filosófico; nenhuma investigação clarividente de qualquer nível pode *observar* a unidade da vida.

Em seu misticismo filosófico, a Teosofia transcende a especulação intelectual e leva à experiência da realidade. Nesse sentido, demonstra seu parentesco com o misticismo neoplatônico; Plotino também proclamou que é possível para a filosofia ser mais que uma estrutura intelectual, que é possível *vivenciar* como realidades internas aquelas coisas que a filosofia comum apresentaria como crenças intelectuais. Assim ele diz (Enéada VI, 9,4):

> Platão diz que a Unidade é indizível e indescritível. Não obstante, falamos dela, escrevemos sobre ela, mas apenas para excitar nossas almas através de nossas discussões, e para direcioná-las para esse espetáculo divino, da mesma forma que se pode indicar o caminho para alguém que deseja ver algum objeto. A instrução, com efeito, vai até indicar a estrada, e nos orientar no caminho; mas obter a visão da Divindade é o trabalho que cabe àquele que deseja obtê-la.[8]

A filosofia intelectual pode chegar à conclusão de que existe um mundo de realidade do qual o nosso mundo diário não passa de uma imagem produzida na consciência; o misticismo filosófico dá um passo adiante e afirma que é possível para o homem entrar nesse mundo de realidade e *vivenciar* a verdade viva. Novamente, não satisfeita em reconhecer, como fazem algumas filosofias, que em nossa consciência normal estamos sujeitos à ilusão, o misticismo filosófico afirma o poder do homem de *vencer essa ilusão e se estabelecer na Realidade*. Assim, onde a filosofia crê, o misticismo filosófico vivencia; ele transcende a crença de ser.

Nesse sentido, o misticismo filosófico é uma extensão legítima da filosofia comum, assim como o Ocultismo ou psi-

[8] Tradução livre (N.T.).

quismo é uma extensão da ciência comum. É interessante ver como as tendências evolucionárias da filosofia moderna se dirigem a esse misticismo filosófico, muito embora possa não ser mencionado por esse nome. O reconhecimento da intuição, na filosofia de Bergson, como um método de conhecimento além do intelecto; a impaciência com os sistemas intelectuais de filosofia nos quais se espera que a vida se encaixe, e a tentativa de uma filosofia que seja criativa, vital e baseada na experiência, conforme encontramos no trabalho do Conde Keyserling; o interesse de muitos filósofos na nova matemática, tão evidente no trabalho de Bertrand Russel; e, finalmente, uma filosofia definitivamente mística como a de Ouspensky em seu *Tertium Organum* – todos esses são sinais de uma evolução gradual da filosofia meramente intelectual para uma filosofia de intuição e experiência.

Na literatura teosófica ainda não encontramos um claro entendimento e uma distinção entre esses dois aspectos de seu ensinamento – o oculto-científico e o místico-filosófico; consequentemente, sempre encontramos heresias filosóficas de um lado, quando os resultados da investigação oculta são produzidos como respostas às questões filosóficas, e heresias científicas de outro, quando questões que só podem ser abordadas através de um Ocultismo preciso e científico são respondidas com afirmações filosóficas ou místicas. O resultado é que os verdadeiros valores da Teosofia ficam obscurecidos tanto aos olhos do cientista quanto do filósofo, e o progresso da investigação teosófica é impedido.

É curioso ver como, através da história, o tipo científico e o filosófico, assim como o místico e o ocultista, se desentenderam e até mesmo se opuseram um ao outro. A luta secular entre a religião e a ciência está enraizada nesse desentendimento, que se acentua quando a religião se torna uma ortodoxia dogmática e a ciência um materialismo igualmente dogmático, tal como eram há um século. Em princípio encontramos a antítese desses dois tipos já na desaprovação por parte de Plotino, o místico filosófico, nos escritos dos gnósticos, cujas tendências estavam definitivamente na direção do Ocultismo. Em tempos mais recentes encontramos uma guerra semelhante, embora mais abera, entre o misticismo filosófico dos platônicos de Cambridge do século dezessete e o Ocultismo de rosacruzes e alquimistas daquele período. Quando estudamos a série de panfletos polêmicos trocados por Henry More, o platônico, e Thomas Vaughan, conhecido como Eugenius Philalethes, o famoso rosacruz, ficamos impressionados não apenas com a mútua incompreensão sobre os métodos e contribuições para o conhecimento um do outro, mas também com a amargura mal disfarçada e o desprezo mútuo que até o título de seus panfletos manifestam. Entretanto, ambos eram homens de notável nobreza de caráter e erudição e, vendo a extensão de seu antagonismo, podemos bem imaginar o que aconteceria no caso de representantes inferiores em ambos os lados.

Precisamos aprender a ver ambas, filosofia e ciência, assim como suas extensões, misticismo e Ocultismo, coordenadas em uma unidade superior, sem confundi-las com métodos e objetivos característicos. Os métodos da ciência e o Ocultismo sempre serão observações precisas através de nossos sentidos e da elaboração intelectual desses dados sensoriais; o método da filosofia e do misticismo filosófico será sempre o da intuição ou percepção na consciência. E é esse método de percepção que deveremos usar em nossa exploração do mundo do Real.

Capítulo 4
O Absoluto e o Relativo

Há um mundo sem fim, ó meu Irmão! e há
o Ser sem nome, de quem nada se pode dizer.
Só o conhece quem chegou a essa região:
é diferente de tudo o que é ouvido e dito.
Ali não se vê forma, nem corpo, nem
comprimento, nem largura: como te posso
dizer o que é?
....
(Kabir, *Tagore*)[9]

A Percepção do Absoluto

O mundo do Real, no qual entramos quando passamos através do nosso centro de consciência, é o Absoluto, é Aquilo além do qual nada existe. De certa forma, não é nem mesmo correto falar em um mundo no qual se entra. Em primeiro lugar, não é um mundo; em segundo, nós não entramos realmente nele; e, em terceiro, na verdade não somos nós que entramos nesse mundo. Nenhuma fraseologia derivada da experiência do nosso mundo-imagem pode se adequar ao Absoluto, a Realidade última. Aqui embaixo falamos de "mundo" e a palavra imediatamente transmite a ideia de um Universo organizado ao nosso redor, fora de nós, com uma separação espacial entre suas criaturas e objetos, mudando, crescendo

[9] Tradução livre (N.T.).

e evoluindo com o tempo. Nesse sentido, o Absoluto não é um mundo; se, entretanto, o chamarmos assim, ele é o único Mundo que existe, que sempre existiu ou que pode alguma vez existir. Então, por um momento, não o chamaremos nem de mundo, nem de estado de consciência ou de existência, nem de qualquer nome derivado da experiência da consciência do nosso mundo-imagem. Ele é Aquilo, o Absoluto, e se, ao falarmos Dele, tivermos que usar, necessariamente, palavras derivadas da nossa experiência comum, que fique sempre entendido que a insuficiência dessas palavras é reconhecida e sentida, mas que a impossibilidade de uma linguagem adequada torna necessário obter refúgio no insuficiente.

Quando dizemos que não somos realmente nós que entramos naquele mundo, isso indica que ele deve ser vivenciado para ser conhecido. Quando emergimos através do nosso centro de consciência, o Vazio no qual não há qualquer consciência, quando "emergimos do outro lado", não entramos em algo que não somos, mas somos Aquilo que percebemos do outro lado desse centro de consciência. Somos Isto em sua inteireza, somos Isto total e completamente, somos Isto em todas as suas possíveis manifestações, em tudo que Isto é, foi ou pode ser, pois Nele o tempo é eternidade. Assim, não é realmente correto falar em "eu" ou "nós"; somos verdadeiramente Aquilo e perdemos, por enquanto, toda a consciência de ser uma criatura separada, de ser alguém. Daí o motivo de nem mesmo o termo "consciência" ser válido para a percepção do Absoluto; a expressão mais aproximada que podemos usar para isso seria "existência". A consciência sempre implica alguém que está consciente de algo; essa palavra sugere uma consciência e um conteúdo da consciência, algo que podemos perceber. Portanto, tal palavra parece fútil quando usada para aquela Realidade última; assim, obtemos a percepção de que somos tudo o que há e de que nosso conhecimento é existência.

O Absoluto pode ser Conhecido?

Que direito nós temos de dar o nome "Absoluto" àquilo que percebemos quando emergimos através do nosso centro de consciência? Como sabemos que não é um mundo apenas relativamente mais real do que nosso mundo-imagem? Como podemos chamá-lo de Realidade absoluta?

Vamos primeiro compreender que aquilo que vivenciamos não é algo que difere em quantidade, grandeza ou medida do mundo-imagem que conhecemos na nossa consciência diária; não é algo maior, mais glorioso, mais belo ou mais abrangente – é total e completamente diferente. Nosso mundo-imagem se apresenta decorado com toda a rica variedade de qualidade sensoriais, com cor e som, paladar, olfato e tato, com forma e feitio, com medidas de espaço e tempo, com uma multiplicidade de criaturas e objetos separados, todos distintos e dependentes uns dos outros, interrelacionados; mas essa Realidade que vivenciamos não apresenta nada disso. Se vivenciarmos um mundo apenas relativamente mais real que nosso mundo-imagem, ainda haveria algumas características correspondentes, em um nível superior, ao nosso mundo-imagem; poderíamos ver cores mais belas e etéreas, ouvir sons mais maravilhosos, nos encontrarmos no meio de grande beleza e plenitude de vida. Mas aqui, no mundo do Real, não há mais um Universo ao nosso redor, não há mais separatividade, não há mais qualidades que formam as vestes do nosso mundo-imagem; nós nos tornamos Aquilo que é pura Unidade, contendo toda a multiplicidade, embora não mostre qualquer separatividade.

Aqui o intelecto, preso como está às ilusões do mundo-imagem, falha; para o intelecto, o mundo pode parecer um ou muitos, mas não pode ser ambos ao mesmo tempo. As realidades do Absoluto são sempre paradoxos para o intelecto e, o que que que seja explicado sobre elas intelectualmente sempre levará à incompreensão. Talvez uma imagem possa nos ajudar a entender, embora, como todas as imagens e comparações, ela seja necessariamente insuficiente, e até mesmo enganosa, de alguma forma.

Quando consideramos o número um na aritmética, esse número é uma unidade, é inteira e homogeneamente um. Entretanto, também podemos pensar no número um como composto de um vasto número de frações; podemos dividi-lo repetidamente em milhões de frações de diferentes valores, até ficarmos perplexos com a multiplicidade aparentemente interminável das partes. Mas, ao mesmo tempo, o número um não foi sequer tocado em sua serena unidade; ele é sempre um e, ao mesmo tempo, é sempre essas incontáveis frações; elas estão contidas nele, ocultas nele, presentes nele e unas com ele. Não podemos dizer que são duas coisas diferentes, uma unidade de um lado e uma multiplicidade de frações do outro; não, ambos são um e tudo depende da forma como consideramos o número um, se o vemos como uma unidade ou como multiplicidade. Quando o vemos como unidade, não há interação, não há relação de parte à parte, não há relatividade. Nesse sentido, o número um pode ser comparado ao Absoluto, aquele que é determinado em, por e através dele mesmo, e que não está relacionado com nada além. Entretanto, o Absoluto é, ao mesmo tempo, a multiplicidade de todas as coisas; imutável e eternamente sereno em Si mesmo. Ele ainda contém dentro de Si tudo que já existiu ou pode existir; Ele é, eternamente, tudo o que existe. Quando nós vivenciamos a realidade como multiplicidade, como a pluralidade de coisas diferentes, quando podemos falar de relação entre uma coisa e outra, então nos encontramos nos domínios da relatividade.

Nesse mundo de relatividade, cada coisa está relacionada com tudo o mais; não há um átomo nesse meu universo com o qual eu não esteja relacionado, mesmo que eu não tenha consciência dessa relação. Eu não possuo qualquer existência como uma criatura separada, embora algumas vezes possa me imaginar como tal; antes, sou parte de uma intricada rede de relatividade na qual todas as coisas determinam uma à outra mutuamente. O ponto de vista de cada coisa nesse mundo de relatividade deve ser, necessariamente, sempre relativo; o que quer que se veja é daquele ponto de vista que necessariamente possui uma certa relação com todas as outras coisas. Dois pontos de vista nunca podem ser iguais, todos os pontos de vista são diferentes, e, portanto, a perspectiva de cada ponto de vista é diferente das demais — toda verdade é relativa no mundo da relatividade. Só poderemos falar de verdade absoluta no mundo da relatividade quando pudermos descontar o elemento de relatividade em cada perspectiva relativa, ou seja, quando, em vez de imaginarmos apaixonadamente que nosso ponto de vista apresenta a verdade absoluta, levarmos em conta a relatividade do nosso ponto de vista e o subtrairmos, por assim dizer, da nossa perspectiva, restando uma verdade que já não é mais relativa. Assim chegamos a essa conclusão aparentemente paradoxal — a de que somente podemos nos aproximar da verdade absoluta quando conseguimos perceber a nossa verdade como relativa. Somente a teoria da relatividade torna possível formular uma lei científica de um modo absoluto, não mais relativo.

Não é possível se libertar do relativo, uma vez que cada coisa relativa é, pelo menos, parcialmente determinada por tudo o mais que é relativo. Apenas o Absoluto é livre, pois não há nada além Dele. Não há interação entre o Absoluto e o relativo; uma coisa relativa só pode se relacionar com outras coisas relativas. A relação indica relatividade, e o Absoluto não tem relação com qualquer coisa, pois Ele é todas as coisas. A sua única relação com o relativo é o fato do relativo, no seu conjunto, ser o Absoluto, mas não existe a possibilidade de uma relação entre uma coisa ou um ser relativo e o Absoluto.

Uma vez que não há relação entre o relativo e o Absoluto, deixamos de ser o relativo quando concebemos o Absoluto, ou seja, deixamos de ser "nós" ou "eu" quando somos Aquilo. É por isso que, no Budismo, a realização do Absoluto é chamada de *Nirvana*, literalmente "extinguir-se" ou "tornar-se extinto," uma vez que, sob o ponto de vista do eu separado, significa o fim de todas as coisas, embora, sob o ponto de vista da realidade, signifique o início de todas as coisas. O *Nirvana* é a extinção da ânsia de ser a coisa relativa e, por conseguinte, a extinção do relativo como tal, na realização do Absoluto. É justificado dizer que nos tornamos o Absoluto, que a gota de orvalho se torna o oceano brilhante, como se disséssemos que a gota de orvalho se perde ao escorregar para o mar, que somos aniquilados quando realizamos o Absoluto. É sempre impossível exprimir a realidade em uma linguagem do nosso mundo-imagem.

Já que não há qualquer relação possível entre uma coisa relativa e o Absoluto, não existe adoração do Absoluto, devoção ao Absoluto ou resposta do Absoluto a um devoto; tudo isso é uma impossibilidade filosófica, e a própria sugestão implica uma falta de compreensão. Se desejamos dar o nome "Deus" ao Absoluto — e realmente não importa que nome damos Àquilo —, que fique bem entendido que nunca poderá ser o Deus para o qual oramos, o qual invocamos, o qual adoramos, do qual dizemos ser amoroso e bom, ao qual olhamos como o Criador do universo. Por mais magnífica que seja a concepção de tal Divindade, por mais infinitamente fértil que tenha sido, por despertar as emoções mais nobres e os mais elevados esforços, não devemos confundi-la por um momento sequer com Aquilo em comparação com o qual até mesmo essa Divindade é relativa.

Nosso Universo, como tal, é relativo, limitado e finito, e assim é a Vida dotada de alma ou a Divindade que supomos ter criado este Universo. O Deus do Cristianismo, a Trindade de Pai, Filho e Espírito Santo, é a Divindade do nosso Universo, a Divindade para a qual podemos orar, e que é Amor. Assim também é o *Logos* da doutrina teosófica; os três *Logos* dos quais fala a Teosofia moderna são idênticos à Trindade Cristã, mas não são Aquilo, não são o Absoluto; também o *Logos*, embora além de nossa compreensão humana, ainda é um Ser, não Ser. A grande diferença entre o Budismo e o Cristianismo é que, enquanto o Budismo se preocupa com Aquilo, com o Absoluto, o Cristianismo fala da Divindade do nosso Universo. Por isso não há menção a Deus no Budismo, não há adoração a Deus, enquanto no Cristianismo existe um maravilhoso sistema cerimonial de adoração e devoção ao Deus do nosso Universo.

Não devemos cometer o erro de pensar no Absoluto como estando um degrau acima da Divindade de um Universo; não é como se primeiro viesse a humanidade, depois os seres super-humanos e aqueles que governam nossa evolução humana, então a Divindade do nosso Universo e depois, se continuarmos a subir mais, o Absoluto. Quando os hindus falam do Deus desse Universo como *Brahma* e do Absoluto como *Parabrahma*, não compreenderemos o seu significado se pensarmos em *Parabrahma* como uma expansão ou glorificação de *Brahma*. Em alguns aspectos, o Absoluto está infinitamente mais próximo de nós do que a Divindade de um universo; em outros, é infinitamente maior. No entanto, dizer que é maior indicaria uma medida maior do mesmo Ser ou realidade, e não é assim. O Absoluto possui uma tal natureza que sequer pode ser comparada ao maior Ser no mundo do relativo; não há nada com o qual Ele possa ser comparado.

Algumas vezes ouvimos as pessoas dizerem: "Eu não tento entender o Absoluto; até mesmo a Divindade de um universo está além da minha compreensão, então como posso saber algo do Absoluto, que é ainda maior?" Tal atitude, em sua aparente humildade, revela, todavia, uma incompreensão e uma má interpretação. Se a Divindade do nosso Universo é vista ao longo de uma linha sempre ascendente, de uma sempre crescente grandiosidade e perfeição, a atitude mencionada implica que, se seguirmos ainda mais por essa linha e subirmos mais alto, poderemos um dia alcançar o Absoluto, e isso é absurdo. No mundo do relativo é verdadeiro que exista sempre grandeza além de grandeza, e quando alcançamos o maior, o mais nobre, cenários ainda mais amplos se abrem diante de nós, e vemos grandezas não sonhadas em nosso nível anterior de compreensão. Mas nada disso é o Absoluto. Não é grande; chamá-Lo de grande seria uma incompreensão da Sua realidade. Como podemos chamar qualquer coisa de grande quando não existe nada que possa ser comparado a ela, em tamanho ou plenitude de manifestação? Não há comparação onde só existe o Um; não existe o maior nem o menor. Não alcançamos o Absoluto ascendendo, ou esperando ascender algum dia, para além do maior Ser que no momento podemos ver vagamente em nosso horizonte espiritual; o caminho para o Absoluto não é por essa linha sempre ascendente, não é cada vez maior, cada vez mais, cada vez mais nobre. Podemos alcançar o Absoluto no exato ponto em que estamos agora, tanto quanto podemos alcançá-Lo se formos o maior Ser no mundo da relatividade. É mais como se, em vez de prosseguir em um processo interminável de grandeza sempre ascendente, de perfeição sempre crescente, entrássemos em uma dimensão totalmente diferente e desaparecêssemos do reino de mudanças, crescimento e evolução para surgirmos no reino de Existência imutável e sempre permanente, o *Nirvana*. É como se, em vez de nos movermos por um determinado caminho, subindo em uma certa direção, nos movêssemos para dentro, para o exato ponto no qual nos encontramos, e, através dele, alcançássemos o Absoluto. Isso é o que realmente acontece quando O alcançamos através do centro da nossa consciência. Nós não aspiramos, subimos ou nos esforçamos para ser algo maior do que somos; nós desaparecemos em nós mesmos e alcançamos o Absoluto, que se encontra em cada ponto do relativo. Por mais magnífica que seja a concepção da evolução espiritual, por mais verdadeira que seja para a nossa consciência do mundo-imagem, para aquele que teve a Visão Daquilo que é eterno e que não muda nem evolui, já que contém toda a mudança e toda a evolução, os sonhos mais elevados de progresso evolucionário se tornam apenas sonhos.

Voltando, então, à nossa pergunta (como saber que esse mundo do Real é o Absoluto), podemos responder que é vivenciando aquilo que é característica do Absoluto. Vimos que é apenas na consciência relativa que a interpretação da Realidade absoluta em sentidos, qualidades, medidas de tempo e espaço é afetada. A própria Realidade é desprovida de tudo isso, embora contenha a sua plenitude. Aquilo que nos tornamos ao alcançar a Realidade é dessa natureza; não possui qualidades, embora seja aquilo que produz qualidades na consciência relativa. Não é tempo, embora seja aquilo que, quando percebido pela consciência relativa, é experimentado como tempo em seu passado e futuro ilusórios; não é espaço nem distância, embora contenha em si aquilo que, quando apreciado e interpretado pela consciência relativa, torna-se espaço em nosso mundo-imagem. Novamente, Aquilo que nos tornamos não está relacionado com nada mais; Ele é tudo e tudo está Nele. Quando somos Aquilo, não nos sentimos maiores do que somos em nossa consciência comum, não somos ampliados, não somos mais reais quando comparados com aquela realidade diária; saímos totalmente do mundo do relativo e somos Aquilo que não conhece relatividade ou comparação. Naquilo não estamos em relação a nada mais, já que somos todas as coisas; portanto, apenas Naquilo existe liberdade, uma vez que nada externo pode causar limitação.

Aquilo que experimentamos é imutável, embora contenha toda mudança e, como tal, não aumente nem diminua. Sendo imutável, é tudo aquilo que chamamos de passado e tudo aquilo que chamamos de futuro; eles estão presentes ali como uma Realidade eterna. Apenas ali existe paz, apenas ali jamais poderá haver desejo de mais, maior ou mais nobre; Aquilo é Tudo. A ausência de relatividade, de todo relacionamento, designa aquilo a que chamamos de Absoluto; não é dependente de nada mais porque é o Único. É "uma Verdade sombria" da qual os místicos falam, o Mistério final para o qual não há explicação, uma vez que nada há com o que explicá-lo. Se a mente não filosófica perguntar "por que o Absoluto?" e "onde está o Absoluto?", a Voz daquilo que é eterno e imutável daria a resposta – se a mente pudesse percebê-la. O Absoluto é sua própria explicação, sua própria causa, sua própria satisfação e sua própria realização. É Aquilo.

O Absoluto e o Relativo na Religião

À luz desse precedente, a diferença entre ciência e filosofia, ou entre Ocultismo e misticismo, sobressai claramente. Os objetivos da ciência e do Ocultismo encontram-se no mundo do relativo; aqueles da filosofia e do misticismo, no Absoluto. A ciência e o Ocultismo se contentam em investigar as formas nas quais o relativo aparece ao relativo, e em obter poder e controle no mundo da relatividade; a filosofia e o misticismo não descansam até alcançar essa Realidade última, que não possui além – para eles, realidade significa ou o Absoluto ou nada. Novamente podemos ver como é insensato exaltar um acima do outro; um conhecimento completo implica um conhecimento do relativo assim como a realização do Absoluto.

Em matéria de religião, a perspectiva relativa mostra o homem como um ser em crescimento, evoluindo, com os maiores que ele à frente e os menores atrás. Mostra um mundo com princípio e fim, criado, pensado ou imaginado por uma Divindade que é a vida que alimenta este universo. Assim, em matéria de religião, o Ocultismo nos fala de uma hierarquia de seres em constante evolução, uma aparentemente interminável escada de perfeição da qual ninguém jamais contemplou o degrau mais alto. A Divindade do Ocultismo é o grande Ser que consideramos o Criador do Universo; a Ele podemos cultuar e adorar, para Ele podemos elevar a devoção e Dele pode descer uma bênção. Assim, o ocultista enfatizará o valor científico da mágica cerimonial, que, neste mundo do relativo, aproxima o homem do Deus do seu Universo e fornece um método para derramar Energia divina criativa.

O quão diferente é o aspecto religioso do misticismo filosófico — igualmente valioso e igualmente justificado, mas diferente em objetivos e métodos. O místico filosófico não fala muito sobre uma hierarquia de seres cada vez mais grandiosos; para ele só existe um objetivo, uma conquista: o Absoluto. Este é o Deus do místico filosófico, um Deus que não é Criador do Universo, mas que *é* eternamente todos os universos, um Deus para o qual nenhum homem pode orar, mas o qual nos tornamos quando alcançamos a Realidade. Para Ele, nenhuma adoração pode ascender; Dele, nenhuma bênção pode descer sobre o homem. Ele é Paz eterna e imutável, o Um além do qual não há nada. Essa eterna Paz do Absoluto é o *Nirvana* budista; o *Nirvana*, como ensinado pelo *Buddha*, não é a evolução para um poder e um conhecimento maiores, mas a transição da evolução para um mundo Eterno, no qual não há sofrimento nem desejo insatisfeito, porque não há separação, nenhum "eu", nenhuma possibilidade de incompletude. Portanto, o *Nirvana* não é a gloriosa coroação de uma escala ascendente de experiências divinas sempre crescentes; é a saída radical e fundamental de tudo o que é relativo para o Absoluto.

Se compararmos o Cristianismo com o Budismo, não poderemos deixar de sentir que o Budismo é mais a religião do Absoluto, e o Cristianismo, do Relativo. O Deus do Cristianismo é a Divindade Triúna desse Universo, e não o Absoluto — muito embora, nas experiências dos místicos cristãos, encontremos algumas vezes Deus como a Realidade última. Daí também a diferença de ideais entre o *Nirvana* budista e o Reino de Deus Cristão; ao alcançar o *Nirvana*, o reino da relatividade é deixado para trás, levando à paz do Absoluto; no Reino de Deus, vemos um ideal religioso que é uma divinização do mundo da relatividade numa vida de amor perfeito. No amor do cristão, vemos um esforço para realizar a unidade da vida divina no mundo na relatividade; no *Nirvana* budista, vemos o abandono da relatividade para a paz do Absoluto. Não devemos cometer o erro de tentar julgar qual ideal é melhor ou mais nobre — pelo contrário, devemos nos alegrar por existir uma religião que mostra o divino no relativo, como o Cristianismo, e também uma religião como o Budismo, que mostra o divino como sendo o Absoluto.

O Cristianismo é uma religião ritualística; não há cerimonial tão completa e profundamente valioso quanto o cristão. No Budismo, procuramos em vão por um cerimonial. Em um templo budista podemos colocar algumas flores em frente à imagem do *Buddha*, podemos colocar uma vela ou uma luz incandescente em frente ao santuário como sinal de reverência, mas, além disso, não há ritual. Tampouco encontramos no Budismo uma concepção de Deus como no Cristianismo; por isso, o Budismo tem sido frequentemente considerado teísta. Entretanto, podemos compreender por que não há lugar no Budismo para uma Divindade como a do Cristianismo quando percebemos que, para o Budismo, como a religião do místico filosófico, não há realidade a não ser o Absoluto, e não há paz a não ser no *Nirvana*. Não devemos temer essas diferenças na religião; a verdadeira tolerância tenta reconhecer o valor de cada religião como uma manifestação característica da verdade viva que, necessariamente, implica diferenças essenciais entre as diferentes religiões. Aplanar essas diferenças até que elas pareçam todas iguais significaria nivelar por baixo uma rica variedade, e trocá-la pela mortal monotonia da semelhança. A verdadeira tolerância não consiste na cegueira perante as diferenças características, e sim na compreensão da razão de ser dessas diferenças e do seu valor na unidade da religião universal.

Naturalmente, encontramos diferentes tipos de homens em cada uma das grandes religiões. Assim, há cristãos para os quais o cerimonial é um sopro de vida, e cujo culto gira em torno da invocação e descida da graça e poder divinos na Eucaristia. Por outro lado, na religião cristã também há aqueles para os quais o cerimonial parece um obstáculo; para eles, o caminho para a realidade é o da renúncia ao exterior, não o da ênfase nos meios externos do culto cerimonial. Não devemos confundir isso com o desprezo pela cerimônia que, por vezes, encontramos no Cristianismo protestante, e que geralmente não se baseia tanto na intensidade do esforço místico, mas sim na incapacidade de apreciar qualquer coisa além de um dogmatismo intelectual. De outra parte, no Catolicismo romano algumas vezes encontramos um cerimonialismo meramente tradicional, que afirma ser essencial para a salvação do homem e para a sua vida no mundo da relatividade. Contudo, mesmo nesses níveis, a diferença entre o esforço místico e os métodos ocultos aparecem, e geralmente levam à incompreensão e ao antagonismo.

Para o ocultista, a realização do Absoluto pelo místico filosófico parecerá uma presunção sem fundamento; como ele trabalha no mundo da relatividade, o Absoluto não passa de um Ser ainda maior que a Divindade de seu Universo, um nível ainda mais elevado, de um poder e glória ainda maiores. Ele será incapaz de compreender que a realização do místico não reside na obtenção de uma glória maior, mas em deixar totalmente o mundo do relativo, entrando Naquilo, em relação ao qual palavras como poder e gloria, grandeza e sabedoria não possuem significado. O ocultista verá o Absoluto como parte desse mundo de relatividade – a parte mais elevada e nobre, é verdade, mas ainda assim uma parte. No entanto, o Absoluto não pode ser expresso em termos de relatividade; a quadratura do círculo é impossível. Por outro lado, algumas vezes o místico filosófico não conseguirá reconhecer o valor daquele culto que vê Deus no mundo da relatividade e O adora como um Ser grandioso e amoroso, gentil e sábio.

Tanto o Absoluto quanto o relativo têm seus lugares na religião; para o nosso mundo de relatividade, uma religião de relatividade é de grande valor diário. Entretanto, se quisermos alcançar a Realidade última, devemos buscar o Absoluto e a sua realização.

O Absoluto e o Relativo no Homem

A relatividade é apenas uma outra forma de considerar o Absoluto. O Absoluto é um e muitos simultaneamente, é a infinidade de frações assim como a unidade da qual todas as frações são parte. Mas não há dois mundos, um da relatividade e outro do Absoluto; só existe um mundo de Realidade última, o Absoluto, o qual, quando abordado em sua multiplicidade, é o relativo. Essa multiplicidade de tudo que foi e pode vir a ser é o Absoluto; portanto, o infinitamente pequeno é tão essencial para a unidade de todas as coisas quanto o infinitamente grande – nem um grão de poeira poderia ser retirado dessa totalidade de coisas, uma vez que não é um objeto isolado, mas parte inseparável de uma Unidade viva.

Plotino ilustra a unidade do Absoluto e do Relativo na seguinte passagem da *Enéadas* (iv. 2), quando diz:

> Por outro lado, existe um outro tipo de essência (o "ser"), cuja natureza é diferente das anteriores (coisas inteiramente divisíveis), que não admite divisão, nem é dividida nem divisível. Não tem extensão, nem mesmo no pensamento. Não precisa estar em nenhum lugar, e não é nem parcial nem totalmente contida em nenhum outro ser. Se nos atrevermos a dizer, paira simultaneamente sobre todos os seres, não que precise ser construída sobre eles, mas porque é indispensável à existência de todos. É sempre idêntica a si mesma, e é o suporte comum de tudo o que está abaixo dela. É como no círculo, onde o centro, permanecendo imóvel em si mesmo, é, não obstante, a origem de todos os raios que se originam nele, e de onde tiram a existência.[10]

Realmente o Absoluto contém em si mesmo toda a relatividade, assim como o círculo contém em si a infinidade de raios do centro para a circunferência. Cada raio está conectado com o centro e dele procede, e nele todos os raios são um. Na circunferência, entretanto, são muitos; enquanto há unidade no centro do círculo, há multiplicidade e separação na circunferência. Assim, também estão contidas no círculo a unidade e a multiplicidade. Na realização do Absoluto, temos toda a multiplicidade dentro de nós como uma unidade, da mesma forma como a partir do centro do círculo vemos todos os raios, vemos todo o círculo e sua multiplicidade na unidade. Na circunferência, entretanto, não percebemos o centro que liga tudo, e podemos ter a ilusão de que todos os raios, que só conhecemos

10 Tradução livre (N.T.).

em sua maior extensão, estão separados; a circunferência é o reino da relatividade. O místico filosófico viaja ao longo do seu raio para o centro, e, a partir daí, compreende o círculo como um todo, em uma percepção abrangente. O ocultista e o cientista exploram ao longo da circunferência, obtendo ali um conhecimento detalhado do mundo da multiplicidade.

Todo ser humano, toda coisa criada, é um raio partindo do centro do Círculo eterno para a sua circunferência. No centro de onde parte, ele é um com todos os outros raios e se percebe como o todo; ele é todas as coisas, ele é o Absoluto. Quando ele toca a circunferência, é apenas um dos muitos raios, e, em vez de se perceber como o Absoluto, olha para o mundo da multiplicidade, o mundo da relatividade onde os problemas surgem, uma vez que a unidade da vida é perdida. Assim, em nós mesmos, somos o grande mistério, absoluto e relativo simultaneamente; quando olhamos para dentro, penetrando em nossa própria consciência, podemos nos perceber como a Realidade última e deixar de sermos nós mesmos para sermos Aquilo que é todas as coisas. Por outro lado, quando nos sentimos apenas como o raio do círculo, ficamos rodeados por uma multidão de outras coisas criadas, sujeitos à ilusão da separatividade, que traz consigo a exteriorização do nosso mundo-imagem e sua objetivação como realidade independente. Nossa consciência tem, por assim dizer, duas janelas: uma através da qual olhamos para o nosso próprio mundo-imagem e contemplamos a multiplicidade do mundo do relativo, e outra da qual emergimos para o mundo do Real, onde deixamos de ser o relativo e somos o Absoluto. Esses dois fatos aparentemente contraditórios, formam o paradoxo da unidade da nossa natureza humana. Em nós ocorre aquele mistério que não pode ser compreendido por nenhum outro meio, a quadratura do círculo; em nós o Eterno se torna tempo e o Absoluto, relativo.

Diagrama 2
O círculo como radiação de um ponto

Precisamos nos precaver contra a ilusão da dualidade, como se houvesse, de um lado, o Absoluto e, do outro, o relativo, que depois se sintetizam numa unidade superior. Esta ideia é apenas um exemplo de falácia intelectual e, como a maioria das falácias, é aceita com facilidade por muitos, especialmente quando demonstrada por um símbolo como aquele que eu acabei de usar, o círculo. É bastante fácil dizer que o centro do círculo simboliza o Absoluto, a circunferência o relativo, e que os dois são aspectos da suprema Realidade. Todavia, isso seria totalmente equivocado, uma mera superficialidade intelectual. Só existe uma Realidade, o Absoluto, que podemos, se desejarmos, simbolizar pelo círculo que contém em si uma multidão de raios. Um círculo, entretanto, não é uma combinação do centro e da circunferência – ele é, essencialmente, a radiação a partir de um ponto. Esta é a realidade do círculo: ser visto apenas a partir do centro. Assim, o Absoluto também pode ser percebido apenas a partir do Centro, onde todo o círculo é visto em sua multiplicidade de raios. A visão de mundo do raio separado que se afastou do Centro comum é a visão relativa; rodeado pelos muitos outros raios, o raio individual se sente isolado em meio às outras criaturas, e tem consciência de um mundo de relatividade. Mas o Absoluto é sempre Aquilo para além do qual nada existe, e não é, de forma alguma, oposto ao relativo. O relativo está eternamente contido no Absoluto.

No mundo da relatividade, nunca podemos chegar à realização da verdade, uma vez que estamos sempre sujeitos às ilusões causadas pela objetivação do nosso mundo-imagem. O relativo não pode expressar o Absoluto, e a realidade última, ou verdade viva, deve sempre permanecer um paradoxo para o intelecto sujeito ao mundo-imagem. Somente no mundo do Absoluto, quando nele nos tornamos, podemos alcançar a percepção da verdade e conhecer a Realidade.

Problemas Incorretos na Filosofia

Quando analisamos algumas das características ilusórias da nossa consciência do mundo-imagem, podemos ver por que a realização da verdade viva é impossível nessa consciência, e por que toda pergunta feita nesse estado de consciência está permeada pela ilusão à qual está sujeita. A multiplicidade que no Absoluto é vista como uma unidade, aparece como separação em meu mundo imagem exteriorizado. Tenho consciência de mim mesmo como um centro de um mundo que me rodeia e me sinto como "eu" em relação a esse mundo do "não eu". Esta é a característica predominante da minha consciência do mundo-imagem: a ilusão de "eu" e "não eu". Tudo na minha experiência diária é afetado por isso, o que quer que eu pense ou sinta, o que quer que eu faça ou experimente, o que quer que eu pergunte ou responda, tudo é parte dessa dupla estrutura: minha consciência de ser eu, cercada por um mundo que não sou eu. A parte mais perigosa dessa ilusão é que eu não tenho consciência dela; estou acostumado a fazer perguntas de natureza filosófica sem perceber, em nenhum momento, que elas estão influenciadas e viciadas pela ilusão que acompanha a minha consciência no mundo do relativo.

Além dessa ilusão dualista que influencia todo o meu questionamento e pensamento no mundo do relativo, existe a ilusão do meu espaço e meu tempo; aquilo que é uma realidade permanente e sempre presente no Absoluto se torna um desenvolvimento passado-presente-futuro no meu mundo-imagem. Eu encaro essa forma de experienciar o eterno como uma sucessão de eventos e chamo essa objetivação de "tempo," considerando-o um pergaminho no qual os acontecimentos são escritos. Então, esquecendo que essa estrutura de tempo particular do meu mundo-imagem não passa de uma forma de interpretar a sempre presente realidade, inconscientemente eu a teço na tecitura de todos os meus pensamentos e questionamentos, e todos os problemas que o meu intelecto aprisionado pode formular são impregnados por essa ilusão. Dessa forma, as perguntas sobre o problema do início e do fim do tempo, ou da relação entre passado e futuro com o presente, não podem ser respondidas, uma vez que possuem em si mesmas um elemento de ilusão.

De forma similar, a distância no espaço e as três dimensões do meu mundo espacial são minha intepretação, em meu mundo-imagem, daquilo que no Absoluto pode ser considerado um ponto matemático. Não existe espaço no mundo do Real, embora exista aquilo que eu interpreto em dimensões de espaço e tempo. A ilusão de espaço no meu mundo-imagem também afeta o pensamento e o sentimento sem que eu perceba; nunca duvido de que estou "aqui" e uma outra pessoa está "ali," a uma distância de dez metros de mim. Entretanto, essa é apenas a aparência no meu mundo-imagem daquilo que no Absoluto não é uma distância espacial; consequentemente, quando faço uma pergunta filosófica em que a ilusão de um espaço objetivo está subtendida, naturalmente concluo que é uma pergunta impossível de responder, uma vez que está equivocada em si mesma.

Enquanto nós, em filosofia, fizermos perguntas a respeito da realidade estando presos na ilusão do nosso ponto de vista relativo, e tentarmos lidar como essas perguntas falhas através do intelecto, que é a mente funcionando no campo da relatividade, será completamente impossível chegar à realização da verdade viva. Na melhor das hipóteses podemos esperar obter uma resposta às nossas perguntas equivocadas — resposta que, uma vez que a pergunta estava errada, deve também estar necessariamente errada e, portanto, não tem valor. O agnóstico está pelo menos mais seguro ao declarar que essas questões não podem ser respondidas, que o homem não pode conhecer as coisas supremas. Isso pode não ser verdadeiro, mas ao menos nos protege dessas pseudo-respostas que não fazem mais do que atuar como soporíferos mentais. Quando o agnóstico diz "não podemos saber," ele estará correto se adicionar as palavras "com a ajuda de nosso intelecto," uma vez que o intelecto é o instrumento de observação no mundo da relatividade, e nos falha quando desejamos alcançar a realidade. Então, somente a intuição é capaz de servir como um caminho para o conhecimento, sendo a intuição a experiência da realidade em nossa existência; mas tanto o intelecto quanto a intuição são necessariamente incapazes de responder questões que já são erradas em si mesmas. Respondê-las apenas comprova nossa ignorância.

Podemos escapar do *circulus vitiosus* de perguntas e respostas erradas somente quando reconhecemos que as perguntas são feitas do ponto de vista da ilusão, e que o intelecto está preso a essa mesma ilusão. Só quando nos rendemos a ambos e abandonamos todas as armadilhas do mundo da relatividade é que podemos entrar no mundo do Real e experimentar a Realidade, que não responde às perguntas erradas, mas as afasta e nos fornece a percepção da verdade viva, à luz da qual as próprias questões se tornam absurdas. "A alma nunca responde com palavras, mas pela própria coisa que é perguntada", diz Emerson. Nós não obtemos respostas em tantas palavras, mas experimentamos uma realidade viva que demonstra o absurdo da pergunta errada e torna supérflua uma resposta posterior.

Esotérico e Exotérico

A realização do Absoluto, da verdade viva, é uma realidade suprema que nunca pode ser expressa na linguagem do intelecto. Nesse sentido, é esotérica quando comparada ao ensinamento que pode ser intelectualmente explicado e que é, consequentemente, exotérico. O termo conhecimento esotérico ou ensinamento esotérico é geralmente usado com relação a um corpo de informações nas mãos de algum grupo seleto de estudantes que possuem esse conhecimento e que, por uma razão ou outra, não considera correto torná-lo público. Tal ensinamento é secreto, uma vez que é mantido apenas para uns poucos, mas não é esotérico no verdadeiro sentido da palavra. O verdadeiro conhecimento esotérico não é conhecimento que nós, por alguma boa razão, recusamos tornar público, mas sim conhecimento que ninguém pode tornar público, uma vez que não pode ser expresso, pois não há linguagem para explicá-lo. Portanto, o conhecimento esotérico é uma experiência que precisa se manter apenas para aquele que a teve, uma vez que não pode ser comunicada, embora possamos decidir que não é desejável fazê-lo. Nesse último caso, nosso conhecimento exotérico é ao mesmo tempo conhecimento secreto ou oculto e, em algum tempo futuro, podemos decidir publicá-lo e torná-lo acessível a todos. Contudo, o real conhecimento esotérico nunca pode se tornar exotérico, uma vez que é esotérico por sua própria natureza, ou seja, não é passível de ser expresso. Como diz Lao Tse, no início do Tao Te Ching: "O Tao que pode ser expresso não é o Tao constante. O nome que pode ser enunciado não é o Nome constante."

É a mente imatura que, sem perceber nem mesmo como a realidade deveria ser *abordada*, mergulha numa resposta sem hesitação, onde a mente verdadeiramente filosófica procuraria em reverência a Realidade. Na verdade, "os tolos se apressam a entrar onde os anjos temem pisar"; isso faz com que o filósofo se encolha em horror ao ver uma mente que ainda não consegue pensar além das futilidades da vida cotidiana lidar rápida, definitiva e conclusivamente com assuntos dos quais ele mesmo apenas começou a perceber a profundidade e o mistério. Sofremos uma dor como se assistíssemos a um sacrilégio quando vemos os intelectos iludidos lidando com complacência grosseira e total falta de compreensão com os Mistérios sagrados dos quais nós mesmos nos aproximaríamos com santo temor. E, quando uma doutrina ou sistema é produzido para o que se afirma ser a resposta a qualquer problema que a vida possa oferecer, então temos certeza de que o que é oferecido não é a expressão da verdade viva, mas a estrutura sem vida de um intelecto aprisionado. A vida não é lógica, a vida não é sistemática; não é razoável nem útil; se pudesse ser expressa num sistema lógico, já não seria vida, mas morte. O mistério da vida não é um problema a ser resolvido, mas uma realidade a ser experimentada, e essa experiência do mistério é a verdadeira Teosofia. Essa Teosofia jamais poderá ser expressa em um sistema, nem possui a resposta para os problemas da vida; é grandiosa demais para isso. Em vez de ser condescendente e responder perguntas e problemas nascidos da ilusão, ela afasta seus devotos da irrealidade do mundo-imagem e os conduz a um mundo de Realidade, onde eles mesmos são a verdade que contemplam.

A grandeza de uma filosofia de vida verdadeira e viva não está no fato de responder aos problemas da existência, mas em não respondê-los; se o fizesse, apenas demonstraria que nasceu da ilusão, assim como os próprios problemas. Sua grandeza reside no fato de que ela é capaz de transcender os problemas e questionamentos enraizados na ilusão, e, ao experienciar a realidade viva, esquecer esses joguetes fúteis.

O homem que tenha experimentado a verdade regressa dessa experiência em deslumbramento e reverência; ele está repleto com a grandeza do mistério que contemplou, e que agora é parte do seu próprio ser. Quando confrontado com as perguntas irreais que têm atormentado a filosofia e a religião por tantos séculos, ele não desce ao seu nível para preencher suas exigências insensatas com uma igualmente insensata e vazia satisfação; ao contrário, fala com palavras de realidade, cujo poder faz com que as perguntas se desvaneçam e sejam destruídas. Para o intelecto, preso na ilusão, sempre parecerá que ele evita as perguntas; o intelecto exige uma resposta que corresponda ponto a ponto às perguntas, mesmo que tenham sido elaboradas no tecido da ilusão. Quando o verdadeiro filósofo falha, ou até mesmo se recusa a responder ilusão com ilusão, mas afasta os produtos do irreal e fala com a voz da realidade, então o intelecto, na sua cegueira, encolhe os ombros e, com um sorriso de desprezo, retorna às suas próprias especulações vazias.

A vida de Gautama, o *Buddha*, fornece muitos exemplos dessa impossibilidade de dar uma resposta satisfatória às perguntas intelectuais enraizadas na ilusão. Muitas vezes seus discípulos buscaram obter do *Tathagata* respostas definitivas às suas perguntas diretas sobre problemas fundamentais, mas nunca a sua resposta foi uma resposta direta a tais questões; frequentemente ele faria três ou quatro afirmações contraditórias, deixando seus discípulos no meio de sua confusão intelectual, tentando mostrar a eles a futilidade de suas perguntas.

Um deles, o venerável Malunkyaputta, reclamou com *Buddha*, dizendo que não levaria uma vida religiosa sob o Abençoado a não ser que ele elucidasse as grandes questões da vida. O *Buddha* respondeu dizendo:

> Se alguém dissesse: "Eu não viverei a vida santa sob a orientação do Abençoado até que o Abençoado declare para mim que 'o mundo é eterno'", ou que "após a morte um *Tathagata* não existe nem deixa de existir", essas coisas ainda permaneceriam não declaradas, e nesse meio tempo aquela pessoa teria morrido. Suponha, Malunkyaputta, que um homem fosse ferido com uma flecha besuntada com muito veneno, e os seus amigos e companheiros, seus pares e parentes, trouxessem um cirurgião para tratá-lo. O homem diria: "Não permitirei que o cirurgião retire a flecha até que eu saiba se o homem que me feriu era um nobre ou um brâmane ou um comerciante ou um trabalhador." E diria: "Eu não permitirei que o cirurgião retire a flecha até que eu saiba o nome e o clã do homem que me feriu; até que eu saiba se o homem que me feriu era alto ou baixo ou de estatura mediana; até que eu saiba se o homem que me feriu tinha a tez escura ou marrom ou dourada; até que eu saiba se o homem que me feriu vive em tal vilarejo, vila ou cidade; até que eu saiba se o arco que me feriu era um arco longo ou balestra; até que eu saiba se a corda do arco que me feriu era de fibra ou junco, ou tendão, ou cânhamo, ou casca de árvore; até que eu saiba se a vara da

> flecha que me feriu era selvagem ou cultivada; até que eu saiba que tipo de penas traz a flecha que me feriu: de uma águia ou um corvo, ou um falcão, ou um pavão, ou uma cegonha; até que eu saiba que tipo de tendão amarra a flecha que me feriu: de um boi ou um búfalo, ou um leão, ou um macaco; até que eu saiba que tipo de flecha me feriu: com a ponta em forma de casco ou em curva, ou com farpas, ou com dentes de um bezerro, ou com o veneno da adelfa."
>
> Tudo isso ainda não seria do conhecimento daquele homem, e nesse meio tempo ele teria morrido. Assim também, Malunkyaputta, se alguém dissesse: "Eu não viverei a vida santa sob a orientação do Abençoado até que o Abençoado declare para mim que 'o mundo é eterno' ou 'após a morte um Tathagata não existe nem deixa de existir'", essas coisas ainda permaneceriam não declaradas e nesse meio tempo aquela pessoa teria morrido.

Assim, Buddha se recusou a responder perguntas nascidas da ilusão; tendo obtido a total realização da verdade, ele sabia muito bem que qualquer resposta que pudesse ter dado seria apenas uma verdade parcial e, portanto, enganosa. Por isso ele se absteve de dar respostas diretas, mas mostrou aos seus discípulos o Nobre Caminho Óctuplo por meio do qual eles mesmos poderiam vencer a ilusão e alcançar a realidade. Essa é a cura para o veneno do qual ele falou para Malunkyaputta; até estarmos curados, nenhum ensinamento nos será de valia, tudo o que ouvimos e sabemos estará envenenado pela ilusão.

É significativo ver como as mesmas perguntas das quais *Buddha* se absteve de responder, sabendo bem que uma resposta real seria impossível, são prontamente respondidas pelo intelecto imaturo. Para ele, a pergunta e a resposta são apenas as peças de um quebra-cabeça que se encaixam mutuamente; ele se satisfaz quando as peças se encaixam. Ele nem mesmo começou a perceber algo da realidade às quais suas perguntas pertencem. Se tivesse percebido, as perguntas seriam bem diferentes, ou talvez sequer fossem feitas, pois trata-se de uma verdade profunda; quando podemos realmente perguntar, também *sabemos*. Perguntar, no verdadeiro sentido da palavra, é aspirar à realidade que é a única que pode dar satisfação; uma vez que somos capazes de perguntar dessa maneira, estamos começando a trilhar o caminho que leva à realidade, mesmo que, por enquanto, possa parecer que ignoramos as perguntas aparentemente tão vitais ao intelecto. A doutrina de *Buddha*, que ensina que o homem deve primeiro obter a libertação da ilusão, mostra, em última análise, o caminho mais curto para a realização da verdade. "Buscai primeiro o reino de Deus, e a sua justiça, e todas estas coisas vos serão acrescentadas."

Capítulo 5
O Mistério da Criação

Este Universo, igual para todos, ninguém, nem Deus nem homem, o fez; mas ele sempre foi, e é, e sempre será um fogo sempre vivo, com medidas fixas se acendendo e com medidas fixas se extinguindo.

....

(Heráclito)

O Problema das Origens

É inevitável que o homem, contemplando seu mundo--imagem e considerando-o um universo objetivo, pergunte qual é a origem desse mundo, quem o fez e do que ele foi formado. Em sua experiência diária, todos os objetos que ele vê são feitos de alguma maneira; ele possuem um criador e são feitos de algum material; houve um tempo em que não existiam, houve um tempo que eles se tornaram o que são agora e haverá um tempo em que eles não serão mais o que são no presente. O mesmo se dá em relação às formas na Natureza: ele as vê brotar do início até à maturidade e, finalmente, decair ou se desintegrar. Ao transferir essas experiências para o Universo que o cerca, o homem se pergunta como o Universo surgiu, se havia algo antes dele e se, algum dia, ele terá fim; se ele cresceu por si mesmo tornou-se o que é agora ou se foi feito por um Criador; se esse Criador fez o Universo a partir de algum material preexistente ou se ele, de alguma forma, o gerou de si mesmo; qual é a atual relação desse Universo com a sua Causa primeira, como será seu fim e se há um propósito em sua existência e crescimento.

Muitas e várias são as respostas que o homem pode dar para as questões da origem do mundo, desde as versões cruas da mitologia primitiva até maduras visões teológicas nas quais uma Divindade extracósmica cria o mundo a partir do nada, ou até a concepção científica de uma evolução mecânica na qual esse mundo, em toda a sua complexidade, emerge por si mesmo de uma nebulosa. Nas maiores filosofias encontramos alguma contribuição para esses problemas da criação do mundo; algumas tentam explicar o mistério. Assim, desde os períodos iniciais da filosofia hindu até as mais modernas teorias filosóficas, os problemas em conexão com a origem deste Universo tiveram impulso na contemplação do homem com uma persistência que não pode ser negada.

Quanto mais primitiva a raça ou civilização, mais ingênua a sua solução para as questões da criação; ao ler algumas dessas explicações antigas, nos admiramos por terem sido levadas a sério em alguma ocasião. Sentimos que nossa era ultrapassou totalmente essas fábulas infantis; entretanto, quando analisamos a atitude o homem comum em relação a esses problemas, é surpreendente ver como é extremamente primitiva a sua abordagem da questão. Assim, ainda encontramos muitos milhões de cristãos (alguns dos quais tiveram a vantagem de uma formação científica) aceitando sem questionamento, como a palavra de Deus, a tradição primitiva considerada pela nação judaica sobre a origem do homem e do Universo.

Foi o antropomorfismo primitivo e as contradições inerente na história do Gênesis que fizeram com que Shelley escrevesse, em *Rainha Mab*:

> De uma eternidade de ócio eu, Deus, acordei; em sete dias de labuta
> Fiz a Terra do nada; descansei e criei o homem.
> Coloquei-o num paraíso e aí plantei a árvore do mal,
> Para que ele pudesse comer e perecer e a minha alma obter
> Com que saciar a sua malícia e transformar
> Como um conquistador sem coração da Terra
> Toda a miséria para a minha fama.[11]

No entanto, a natureza de Shelley era essencialmente religiosa; foi a própria profundidade da sua realização religiosa que o motivou a colocar de lado uma tradição primitiva – que, com todas as suas discrepâncias, dificilmente pode ser tomada como a palavra de Deus sem uma reflexão séria sobre a Sua omnisciência.

Não há dúvida de que o Velho Testamento é uma das partes mais preciosas da literatura mundial. Como uma história das batalhas e aspirações das mais interessantes e dotadas nações, como uma tradição de seus pensamentos e sentimento religiosos, como um documento da fraqueza e da força humanas, da beleza e da brutalidade, é provável que não haja equivalente na literatura de nenhuma país. Como tal, ele sempre produzirá frutos abundantes para aqueles que o estudam e sempre alargará nossa compreensão e nossas perspectivas humanas. Mas aceitar cada palavra daquela Escritura não apenas como inspiração divina, mas como a própria palavra de Deus, é um absurdo que deveria ser incompatível com o pensamento moderno.

Não devemos subestimar a influência que até hoje o Velho Testamento tem sobre a mentalidade cristã; muitas de suas concepções a respeito de Deus e do mundo, do homem e da mulher, do mal e do pecado foram, através de muitos séculos

[11] Tradução livre (N.T.).

de tradição cristã, tecidas na própria textura dos nossos pensamentos, por mais inconscientes que estejamos deste fato.

A Resposta Científica

É simplesmente natural que aqueles que se afastam de uma versão da criação do mundo que ofende a mente pensante se voltem para a ciência, a fim de obter uma explicação razoável para a origem do mundo. De fato, em grande parte foi por causa das descobertas científicas nos campos da astronomia, geologia, paleontologia e arqueologia que a primeira sombra de dúvida foi lançada sobre a acuidade bíblica, e logo surgiu a escolha de aceitar a versão do Gênesis sobre a criação do nosso mundo ou as teorias baseadas nos dados da ciência.

Uma vez que o geólogo sabe aproximadamente a taxa de depósito geológico, podemos, ao estudar os estratos da superfície da Terra, avaliar, com exatidão comparativa, a idade de alguma camada em particular. Se, portanto, ele descobre que algumas camadas possuem cem mil ou muitas centenas de milhares de anos, e se nessas camadas são encontrados vestígios de seres humanos, ou de animais e plantas extintos, esses vestígios são testemunhas mudas da existência das criaturas em questão naquele período. Não há dúvida de que a testemunha desses depósitos geológicos contradiz não apenas a cronologia mosaica mas também a sucessão de espécies naturais conforme são apresentadas no Gênesis. Em vez de uma série de criações espontâneas por uma Divindade extracósmica, encontramos um processo gradual de mudança em que uma nova espécie, por meio de mudanças lentas e graduais, cresce a partir das anteriores. Assim o homem, em vez de ter sido criado completa e perfeitamente por Deus, é considerado um descendente natural de antepassados símios — o Gênesis e a ciência parecem incompatíveis.

Nessa concepção inicial da evolução, o método pelo qual se pensava que uma nova espécie surgia de espécies anteriores era o da adaptação ao ambiente e da seleção natural, através da sobrevivência do mais apto. Para uma inteligência criativa, não havia lugar para essa teoria clássica da evolução; a tarefa do Deus de Moisés foi assumida por um novo Deus, cujo nome era "adaptação ao ambiente." Não podemos deixar de admirar o fato de que pensadores que rejeitaram desdenhosamente a criação milagrosa do mundo, conforme ensinado pelo Gênesis, aceitaram de bom grado a não menos milagrosa evolução do mundo, com toda a sua variedade de criaturas, a partir de uma nebulosa, através de forças milagrosas chamadas adaptação ao ambiente e sobrevivência do mais apto. Na verdade, quando somos chamados a acreditar que nosso mundo moderno – com milhões de criaturas diferentes, com a maravilhosa complexidade de estrutura dos reinos animal e vegetal, com o próprio homem, na força de suas aspirações e em seu poder de adaptar para si o ambiente – deve ter surgido de uma nebulosa e se desenvolvido por adaptação e sobrevivência, precisamos reconhecer que estamos face a face com um milagre de tamanha dimensão que, em comparação, o milagre do Gênesis não passa de uma brincadeira de criança.

Mas, à parte o milagre demandado pelos antigos evolucionistas, existem sérias insuficiências em sua concepção. Ninguém pode duvidar da influência do ambiente nem da verdade da sobrevivência do mais apto, mas, por outro lado, é também verdadeiro que nem sempre era o mais apto que sobrevivia. Quando as criaturas voadoras evoluíram gradualmente a partir do réptil, deve ter havido um período, que talvez tenha se prolongado por centenas de anos, em que as asas rudimentares não eram suficientemente perfeitas para serem usadas para voar, e durante o qual, consequentemente, a criatura com asas em evolução seria inferior, e não superior, aos seus companheiros répteis. Nem a adaptação ao ambiente nem a sobrevivência do mais apto por seleção natural pode explicar como a criatura semelhante a uma ave evoluiu a partir do réptil, uma vez que apenas a asa plenamente evoluída conferiria ao seu possuidor superioridade sobre as criaturas sem asas. Assim, não podemos escapar da conclusão de que deve haver uma força interior nas espécies que as leva a evoluir para formas superiores e a sobreviver em um período intermediário, quando, por razão de suas estruturas mutantes, são temporariamente inferiores aos seus companheiros. Esse princípio interior e formador, o criativo impulso de vida, ou *élan vital*, torna-se, portanto, a causa da evolução, na qual o ambiente e a luta pela vida são *utilizados* para cumprir um propósito que, por si só, jamais conseguiriam alcançar.

Portanto, é a função que determina o órgão; há uma evolução da vida que, a partir do interior, determina a evolução da forma e cria as novas espécies, pela força de um princípio interno dinâmico — que, a julgar pelos resultados, deve ser inteligente. Podemos também acreditar que um monte de tijolos pode se transformar em um belo edifício sem a influência de uma inteligência criativa, assim como acreditar que a beleza das formas presentes na Natureza tenha evoluído da matéria da nebulosa pelo acaso da seleção natural.

Portanto, a ciência da evolução evoca, sob outra forma e outro nome, o Criador que ela expulsou nos seus primeiros estágios; onde, anteriormente, religião e ciência eram oponentes, agora podemos ver a possiblidade de uma síntese de ambas em uma verdade superior. Isso não significa, é claro, que as incompatibilidades do Gênesis com a ciência moderna possam algum dia ser superadas, mas não significa que os dados da ciência não são em absoluto incompatíveis com a crença em uma Inteligência criativa, que dirige e guia a evolução internamente.

A Insuficiência de Respostas Científicas

Por mais esclarecedora e indispensável que a evolução seja para explicar o método pelo qual a mudança ocorre em nosso universo, ainda é, como toda verdade científica, uma explicação do como, não do *porquê*; o método é elucidado, mas o mistério não é sequer tocado. Mesmo se traçarmos esse universo de volta à nebulosa, a questão permanece: de onde veio a nebulosa? Ela, por sua vez, supostamente surgiu de alguma matéria primordial? A questão persiste: de onde veio essa matéria primordial, e por que ela se transformou na nebulosa? Ainda estamos nos confrontando com uma matéria fundamental, uma matéria-prima a partir da qual o universo evoluiu, mas que em si mesma permanece inexplicada. Igualmente inexplicável é a diferenciação de um universo variado a partir da suposta uniformidade de uma substância primordial. E, acima de tudo, permanece a questão do poder criativo interno que leva as formas primitivas a evoluir para formas superiores. A teoria da evolução é incapaz de encontrar um verdadeiro começo e também falha em coordenar nosso universo de tempo e mudança com uma Realidade eterna e permanente. Assim, Taylor, em sua contribuição para *Evolution in the light of modern knowledge*, diz:

> Não pode haver uma explicação final "evolutiva" do ser como um todo, assim como não pode haver uma fábrica de múltiplos e diferentes objetos a partir de uma "matéria-prima" que não tem carácter próprio e é, portanto, puro nada. Toda evolução pressupõe tanto o material quanto agentes atuando sobre materiais que são anteriores à própria evolução, e o processo de explicar esses pressupostos como resultados de uma evolução anterior não pode "ir até o infinito". Em algum lugar por trás de todas as evoluções, e fornecendo a todas elas o "material" e a "força motriz", deve haver o estritamente eterno.

Por mais esclarecedoras que tenham sido e que ainda sejam as descobertas da ciência com relação à evolução natural, o mistério da criação não é sequer mencionado por ela. A ciência nunca pode encontrar um Agente criativo final, nem uma verdadeira origem das coisas; ela pode apenas traçar suas origens a evoluções, universos ou estruturas anteriores (o pressuposto do qual Taylor fala), que permanecem inexplicáveis.

As mesmas insuficiências que encontramos na visão científica da origem do mundo se apresentam quando adentramos o campo do Ocultismo, que, como explicado anteriormente, deve ser considerado uma extensão da ciência em mundos de matéria mais sutil. Na base de investigações clarividentes, alguns fatos apresentados traçam o processo criativo a um ponto além do qual a ciência comum pode ir. Assim, na Teosofia moderna encontramos uma doutrina de criação na qual o *Logos* de um sistema solar é apresentado criando o Seu sistema solar, ao derramar Seu poder em uma Raiz de matéria preexistente chamada de *Mulaprakriti*, causando assim a formação dos átomos primordiais. O surgimento da diferenciação a partir de um aparente "nada" de um Ser não manifestado é explicado pela conexão de um ciclo de manifestação, ou *Manvantara*, com o ciclo anterior, os dois separados no tempo por um período chamado *Pralaya*, ou não manifestação, durante o qual os frutos do *Manvantara* anterior são mantidos em suspensão até o início do próximo *Manvantara*, quando reemergem e causam a diferenciação do Um nos Muitos.

Essas doutrinas, baseadas na investigação oculta, oferecem uma extensão interessante da ciência além do plano físico, mas elas nem sequer tocam no mistério da criação em si. Traçar a origem da matéria até uma matéria raiz preexistente não explica o problema fundamental das origens mais que a doutrina teológica da criação do universo a partir do nada; nós apenas transferimos o problema. Da mesma forma, a questão do início da criação não é tocada se recuarmos um ou mesmo milhares de *Manvantaras*, mesmo se cada um deles durasse trezentas vezes um milhão de anos. Esses gigantescos números podem deslumbrar a imaginação; mas, ao problema do tempo e do eterno, eles não fornecem qualquer solução. Isso em nada prejudica o valor das doutrinas ocultas a respeito da criação e origem da matéria, mas as observações de Taylor sobre a insuficiência filosófica das teorias científicas continuam válidas; iniciamos de um pressuposto como resultado de uma evolução anterior e continuamos confrontados pela impossibilidade de encontrar um início. O Ocultismo compartilha, necessariamente, do mesmo destino da ciência em face das questões fundamentais; ele também pode explicar o método, o como, mas nunca o porquê.

Perguntas Incorretas e Respostas Incorretas

A razão fundamental pela qual nem a visão teológica, nem a científica e nem mesmo a visão oculta das origens do mundo podem de alguma forma dar uma resposta satisfatória é a de que todas elas começam por aceitar implicitamente as questões, sem pausar para considerar que talvez algo possa estar errado com a própria questão, e que, assim, estaremos a nos condenar quando tentarmos responder.

Enquanto o intelecto sequer suspeitar que seu universo objetivo não passa de um mundo-imagem produzido na sua consciência, ele aceitará sem questionamentos um tempo absoluto como parte daquele universo objetivo. Tal tempo objetivo exige um início e um fim, e o intelecto se vê confrontado pela dificuldade de que a criação deve ter tido um início em algum momento, ou seja, que deve ter havido um início do tempo. Isso por si só é absurdo, especialmente quando pensado em conjunção com a eternidade imutável da existência divina. É impossível coordenar nossos ciclos de tempo, ou duração definida, com a eternidade imutável que não possui início nem fim, que é uma sempre presente realidade, e todas as nossas tentativas para encaixar nossa ilusão de um tempo absoluto na concepção de eternidade estão fadadas ao fracasso.

De forma semelhante, o intelecto se encontra num impasse ao tentar compreender como, por um lado, deve ter existido algo a partir do qual o universo foi feito e, por outro, que esse mesmo algo deve ter sido feito de alguma forma e dificilmente possui uma existência objetiva fora Daquele que o criou. Todavia, a criação a partir do nada não passa de uma frase, e nem mesmo a mais imaterial concepção da emanação do ser de Deus, ou da existência no pensamento de Deus, podem lançar luz sobre o mistério final. Todos esses termos podem ser aplicados ao trabalho da Divindade de um universo em relação ao Seu sistema em particular, onde nos encontramos no domínio da relatividade e podemos usar termos dela derivados. Mas, quando tentamos abordar o mistério fundamental da criação, precisamos trilhar um caminho totalmente diferente, e primeiro superar a ilusão da qual nascem as nossas perguntas incorretas.

Naturalmente, enquanto acreditarmos em nosso mundo-imagem como um universo objetivo, independente da nossa consciência, seremos confrontados pelo problema da materialidade objetiva desse universo, e todas as nossas perguntas a respeito da criação vão pressupor um assunto inteiramente real e objetivo. Nossas perguntas e respostas são, dessa maneira, nascidas da ilusão, e enquanto não vencermos em nós próprios essa ilusão será impossível qualquer aproximação do mistério da criação. Enquanto estivermos sujeitos a ideias preconcebidas, enraizadas na ilusão, afetando todas as nossas perguntas, é melhor que não perguntemos nada; somos como o homem ferido pela flecha envenenada na história de Malunkyaputta – o que precisamos de início é um médico. Até obtermos experiência da realidade, o melhor que podemos fazer é dar explicações engenhosas para situações impossíveis, pois tais serão nossas perguntas e respostas enquanto estivermos na angústia da ilusão. Elas podem nos satisfazer por um tempo, através de sua própria engenhosidade, mas são vazias de significado.

Assim, em todas as perguntas a respeito da Causa inicial, do início da criação, da matéria da qual o universo é feito, sua origem e a relação do nosso universo com seu Criador, a ilusão se faz presente, especialmente a ilusão de um tempo absoluto e de uma realidade objetiva de matéria, e as perguntas nunca podem ser respondidas, por serem erradas em si mesmas. Contudo, a própria intensidade do nosso desejo de saber, nossa paixão pela verdade nesses assuntos e a sinceridade e vigor com que fazemos essas perguntas, por mais erradas que sejam, fornecem um poder motivador que eventualmente deve nos levar à realidade. Mesmo em perguntas erradas existe virtude, de acordo com a medida da sua sinceridade e do seu vigor.

É inútil, como vimos, pedir à ciência uma resposta às questões fundamentais a respeito da criação; a ciência pode explicar como as coisas funcionam em nosso mundo-imagem e como, no círculo vicioso do tempo, uma coisa está conectada com outras, em uma aparente corrente de causação infinita, mas as questões fundamentais estão fora do seu domínio. O mesmo ocorre com o Ocultismo; na base de investigações clarividentes, podem ser apresentados alguns fatos que traçam o processo criativo a um ponto além daquele que a ciência comum pode alcançar. Mas tudo isso, por mais profundamente interessante e valioso que seja para explicar os métodos de crescimento e mudança, conforme vistos em nosso mundo-imagem, não contribui com nada essencial para a resolução de problemas filosóficos a respeito das origens do mundo. A ciência e o Ocultismo, por pertencerem ao domínio do relativo, só contribuem com fatos, e apresentar suas descobertas como respostas filosóficas é apenas aplicá-las incorretamente. O mistério da criação deve ser abordado de uma forma totalmente diferente; depois de termos exposto o nosso problema o mais claramente possível, temos de renunciar ao nosso mundo-imagem e a tudo que lhe pertence, e, no mundo Real, tentar experimentar o próprio Mistério.

O Tempo e o Eterno

Vamos então nos retirar do nosso mundo-imagem, com suas ilusões atraentes, e entrar no mundo da Realidade, onde só a verdade viva pode ser experimentada.

Aqui deixamos o mundo da relatividade e somos o Absoluto, que é todo relatividade e eternidade, simultaneamente. Já não mais contemplamos um universo cuja história se inscreve no tempo; nós experimentamos uma Realidade sempre presente, Aquela que, falando em nossa linguagem ilusória, é tudo o que é, foi e será, todo universo passado e presente, todos os inícios e fins, todos os ciclos de tempo e evolução. Entretanto, o Absoluto não está de um lado e toda a multiplicidade da relatividade de outro. A relatividade não passa da pronúncia do Nome do Absoluto, é o seu próprio ser, sua constituição, sua descrição, podemos quase dizer que é sua única característica. Essa é a razão pela qual, na experiência da Realidade, parece absurdo perguntar como o relativo se originou no Absoluto, de onde veio e por que é; é o Absoluto, e só é visto como relativo quando observado do ponto de vista relativo de alguma criatura em sua ilusão de separatividade.

Portanto, é impossível dizer que há alguma razão para a presença do relativo no Absoluto; ele não está presente no

Absoluto, é apenas o Absoluto experimentado de uma forma diferente. Assim, não há uma *raison d'etre* para o relativo, nenhuma origem ou causa; ele não possui qualquer propósito, de nada serve, e de nenhuma forma aumenta a glória do Absoluto, uma vez que é o Absoluto. Palavras como origem e causa, propósito e finalidade só podem florescer no solo da ilusão; elas perdem o seu significado no mundo do Real.

Sobre o relativo, assim como sobre o Absoluto, podemos apenas dizer que sua existência é a sua justificação: ele é e é tudo o que existe, sempre foi e nunca deixará de ser, embora "nunca" e "sempre" sejam novamente termos derivados da nossa linguagem ilusória. A realidade sempre presente é o mistério que experimentamos no mundo do Real, e nessa experiência as perguntas cessam.

É aqui que o intelecto tem de trabalhar sempre sob concepções erradas: para ele, a Realidade sempre presente de tudo o que existe só pode aparecer como uma imobilidade congelada; o silêncio e a imutabilidade do Eterno são para o intelecto apenas como a quietude da morte. Para ele vida é movimento e movimento significa mudança, uma coisa *após* a outra. No entanto, a experiência do Real está longe daquilo que o intelecto poderia imaginar; embora o Eterno seja imutável, toda mudança e tempo, crescimento e evolução estão nele contidos como uma realidade permanente, enquanto em nosso mundo-imagem nós os vemos se desenrolar no pergaminho sem fim ao qual chamamos tempo. O que experimentamos na nossa consciência do tempo não passa de uma seção em constante mudança da realidade, a qual chamamos presente.

O próprio presente não possui duração nem realidade; nem mesmo a fração de um segundo pode ser chamada de presente. Apenas o passado e o futuro são reais, e são os nomes que damos à sempre presente realidade das coisas conforme elas são. É, portanto, tão impossível falar de um início ou fim de qualquer coisa no mundo do Real como falar de um início ou fim de um círculo. Início e fim, crescimento e mudança, sucessivos estágios apenas aparecem quando, em nosso mundo-imagem, nós interpretamos a sempre presente Realidade.

Uma imagem pode nos ajudar a perceber aquilo que está necessariamente além do intelecto. Se imaginarmos um ser vivendo em um mundo bidimensional (por exemplo, a superfície de um líquido), podemos imediatamente ver como qualquer objeto que passe através da superfície daquele líquido apresentará ao ser bidimensional uma seção transversal em constante mudança do seu verdadeiro ser. Essa seção transversal em constante mudança seria a única experiência que o ser bidimensional teria da realidade tridimensional. Se passássemos um cone através da sua superfície bidimensional, ele poderia a princípio ver um ponto de contato da extremidade do cone e depois um círculo ou eclipse cada vez mais largo, correspondente ao ângulo no qual o cone foi passado através do seu mundo bidimensional. Podemos imaginar como essa criatura bidimensional poderia dar o nome "cone" a essa seção transversal do cone, que é tudo o que ele conhece, e poderia ver a mudança constante dessa seção transversal como a "evolução" do cone de um ponto para um círculo largo. Entretanto, aquilo que apareceria como mudança ou evolução para o ser bidimensional seria uma realidade simultaneamente presente para um ser tridimensional que a observasse; para ele, o cone seria uma coisa completa. Da mesma forma, a criatura da superfície chamaria de "passado" aquilo que atravessou a superfície e de "futuro" aquilo que ainda não atravessou, enquanto o seu "presente" seria a seção transversal em constante mudança. Para o observador tridimensional, esse presente não teria substância; o passado e futuro constituiriam o ser real.

Assim, todo ser relativo no mundo do Real é simultaneamente tudo o que, no tempo-ilusão do nosso mundo-imagem, chamamos de história ou evolução. Enquanto nesta ilusão de tempo nós apenas vemos as seções transversais em constante mudança da Realidade eterna, no mundo do Real todo ser é completo, contendo em si toda a sua evolução, assim como uma realidade simultaneamente presente.

Nosso ciclo de evolução particular, com início e fins aparentes, não passa da *nossa* compreensão no tempo daquilo que somos na eternidade. Aquilo que percebemos em nosso ciclo de vida, no mundo do tempo, é bastante real, é nosso ser eterno, mas o *modo* como o percebemos é um processo de crescimento, com início e fim; essa é nossa idiossincrasia, nossa ilusão.

Toda criatura tem sua percepção da realidade eterna e essa percepção é o ciclo de vida dessa criatura. Nosso ciclo de vida como um todo é nosso ser no mundo do Real, visto como nossa evolução na ilusão do mundo-imagem. Assim, aquilo a que chamamos de nossa evolução como indivíduo é como soletrar, letra por letra, o nosso Nome eterno, o nosso verdadeiro ser; como tal, parece cumprir um propósito, levar a um objetivo, produzir algum resultado e ter uma causa, enquanto todas essas palavras parecem sem sentido quando pensadas em conexão com a realidade que produz a aparência de evolução em nosso mundo-imagem.

De modo similar, nossa atividade, ou, antes, aquilo que consideramos nossa atividade, é a nossa percepção da Atividade eterna, a única Atividade que sempre existiu — o Ritmo da criação. Em nossa consciência diária, podemos estar intensamente conscientes de que fazemos coisas, pensamos e temos emoções; isso forma nossa atividade, trabalho ou criação, que emerge de nós, é feita por nós. Quando fazemos uma mesa ou dizemos algo, sentimos que criamos alguma coisa que, não existia antes daquela forma; sentimos que estamos a todo tempo adicionando algo à real totalidade das coisas.

De forma similar, mas em uma escala infinitamente maior, pensamos na Divindade de um universo criando, fazendo ou pensando aquele universo, ou mesmo emanando-o de Si próprio, mas sempre adicionando Sua atividade à soma total das coisas naquele momento. Novamente, no entanto, isso não passa de ilusão.

Não há nada, nunca houve nada, nunca poderá haver nada além do Ritmo eterno da criação, imutável, contendo todas as coisas. É o Absoluto. Ele é ao mesmo tempo toda relatividade, tudo o que consideramos como passado, presente ou futuro. Ele é todos os universos com seus incontáveis milhões de criaturas e objetos, e tudo o que pensamos ser suas ações e criações está em eterna e permanente realidade. O que chamamos de atividade de um ser relativo, por mais elevada que seja, é a percepção, no domínio da relatividade, do eterno Ritmo de criação. Essa percepção pela criatura separada parece ter um início e um fim, parece ser a criação individual e única daquele ser, mas, em realidade, é apenas a sua percepção da Criação eterna. Essa percepção é única na medida em que é a realização daquele ser ou criatura em particular; entretanto, o pensamento com o qual a criatura separada produz sua criação, acrescenta-o, por assim dizer, ao armazém geral, é ilusão.

Sempre que, em nosso mundo-imagem, procuramos origens, através da ciência ou do Ocultismo, estamos buscando as origens de um universo em particular, por maior que seja, no domínio da relatividade. As razões pelas quais sempre será impossível encontras essas origens, ou encontrar um fim, é que tal universo *não é a criação objetiva que pensamos ser, mas a percepção por algum Grande ser da Criação eterna.* O início e o fim aparentes dessa criação são apenas relativos ao Ser cuja realização é esse universo; não podemos encontrar um início ou fim objetivos, porque não existe nenhum. Aquilo a que chamamos de tempo não passa de uma interpretação linear do círculo do Ser eterno; seu início e seu fim, por mais que se clame ruidosamente, nunca podem ser encontrados. Assim, nosso ciclo de tempo individual, nossa evolução, são nossa experiência da Realidade eterna dentro do ciclo maior de tempo, que é a experiência da realidade pela Vida interior do nosso universo, mas nenhum desse ciclos de tempo são objetivamente reais, são experiência da Realidade.

O Ritmo da Criação

Por um lado, em nossa consciência normal, podemos experimentar o fato da limitação do Absoluto no relativo; por outro lado, em nossa experiência da realidade, encontramos o fato da liberação do relativo no Absoluto. Esses dois *fatos* — a limitação eterna do Absoluto ao relativo e a liberação eterna do relativo no Absoluto — não são um mero fruto do raciocínio intelectual ou da prova lógica, são realidades que podemos experimentar *em nós mesmos*. Juntos, esses dois fatos básicos interpretam para nós o mistério da Criação; por mais enganosos que os termos limitação e liberação possam ser, em sua insuficiência eles servem para descrever a Criação eterna que é o ser do Absoluto. Juntos, expressam o Ritmo da Criação.

Quando entramos no mundo do Real, apenas experimentamos a liberação do relativo no Absoluto; nós nos tornamos o Ritmo criativo eterno que é o próprio Ser do Absoluto, que é o próprio Absoluto. Nessa experiência fundamental, não há mais a questão de dois fatos básicos de consciência que, juntos, produzem o Ritmo criativo; nós experimentamos o Ritmo da criação como a Realidade suprema e final, além da qual nada existe e que é todas as coisas. Na experiência daquele Ritmo, podemos reconhecer as fases de limitação e liberação, mas elas são *nossa* distinção — não são, de modo algum, separações no Ritmo criativo. Esse Ritmo *é um e completo*; nele, a limitação do Absoluto como relatividade e a liberação do relativo no Absoluto são um Realidade última, simultânea e penetrante.

É verdade que o termo "ritmo" é insuficiente, mas, quando experimentamos a realidade, nós nos encontramos perante essa escolha: não dizer nada, reconhecendo que nenhuma palavra pode exprimir o Real, ou tentar transmitir algo da realidade em uma linguagem baseada nas ilusões do nosso mundo-imagem, sabendo bem que *cada uma de nossas expressões devem ser insuficientes e, portanto, enganosas*, e que tudo o que dissermos vai parecer autocontraditório. Daí a razão pela qual o uso de símbolos é de grande ajuda; no símbolo podemos expressar simultaneamente aquilo que na linguagem podemos apenas descrever como uma sequência. Entretanto, não devemos esquecer que, uma vez que na linguagem do simbolismo usamos medidas de espaço, as ilusões inerentes a um espaço objetivo são um perigo tão grande em nossos símbolos quanto as ilusões inerentes a um tempo objetivo na nossa linguagem de palavras.

No símbolo do círculo, podemos perceber como uma realidade simultânea o Ritmo da criação, que, quando descrito pela linguagem, deve sempre parecer uma sequência, com uma coisa após a outra. Quando podemos ver o círculo como uma radiação, e não como uma combinação de centro e circunferência, isso é de grande ajuda para a compreensão de algo que está além do entendimento. Nesse símbolo, a liberação do Absoluto para o relativo é vista em um movimento a partir do centro, e a liberação do relativo no Absoluto é movimento de volta ao centro.

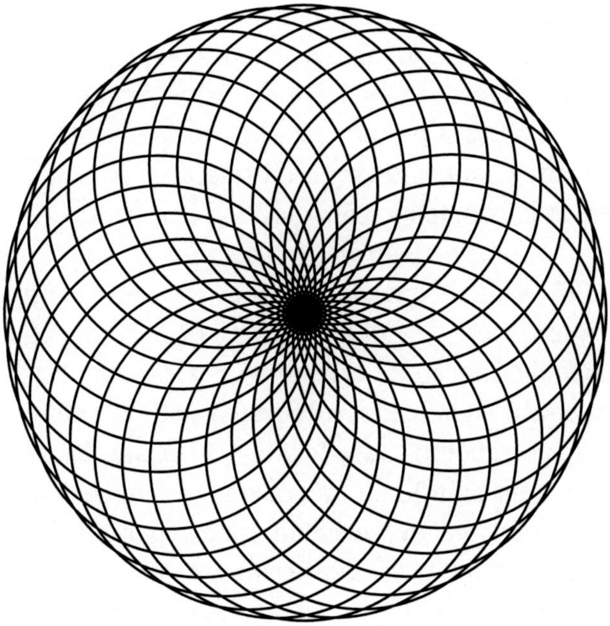

Na experiência da realidade não há, evidentemente, a questão de ida ou regresso; a descrição mais próxima que podemos dar do Ritmo de criação eterno é a de um processo duplo — um eterno ir da unidade da realidade abrangente até a diferenciação máxima em relatividade e um eterno retorno daquele reino de relatividade para o centro no qual o todo é simultaneamente realizado. É a Maré eterna da criação, o fluxo e refluxo de todas as coisas, não sucessivo, mas simultâneo ou, melhor, eterno; é o eterno pulsar do Coração com sua diástole e sístole, o Sopro eterno da criação que, no entanto, é uma realidade imutável.

A experiência do Ritmo da criação é a experiência última na busca pela Verdade. Dizer que é grande ou gloriosa, maravilhosa ou insuperável, é apenas depreciá-la; ela não pode ser comparada com nada, uma vez que é todas as coisas e nada existe além dela; não possui causa ou propósito. É a Canção do Eterno do qual todas as coisas, grandes ou pequenas, são uma parte, todas elas sendo os acordes e notas em uma Harmonia eterna que é o Ser supremo. Uma vez que entramos no mundo da Realidade e *somos* o ritmo da criação, nós o conhecemos em todas as coisas, todo objeto, toda criatura; todo evento agora tem, para nós, seu verdadeiro significado como uma nota em uma Sinfonia da criação. Todas as criaturas se juntam naquela Canção eterna; nada existe para nós agora, exceto como uma parte da Canção da criação. Por si só, uma coisa parece absurda e sem significado, como uma nota isolada pareceria, mas agora percebemos que, de fato, não existe algo como uma nota isolada na Canção ou na criação, mas apenas uma única e abrangente Realidade, sem nenhuma separação.

Na filosofia mística, isso permanece como a experiência suprema, que, no entanto, é mais que uma experiência, uma vez que nós *somos* aquilo que conhecemos, e nesse ser não somos nós mesmos, mas Aquilo que é todas as coisas. Na realização do Ritmo da criação, tudo o mais se torna claro para nós; a partir de agora, vemos as coisas na luz do Eterno, nós as contemplamos *sub specie aeternitatis*;[12] na Realidade sem nome, sabemos os nomes de todas as coisas.

O Absoluto Como Criação

O Absoluto não cria, ele *é* a criação eterna; a criação é o seu Ser, seu Nome, sua Natureza, não é nem mesmo coeterna com Ele, uma vez que Dele não é distinta. Esse é o mistério último que não tem causa nem propósito.

A própria palavra criação, entretanto, é enganosa, pois traz imediatamente em seu bojo associações mentais de um

[12] Em latim, "sob o aspecto da realidade" (N. T.).

Criador que cria algo — a criatura. Todos esses termos são produtos da externalização do nosso mundo-imagem como uma realidade objetiva; na ilusão da nossa contemplação diária desse mundo-imagem, nós produzimos o construtor, a construção e a coisa feita — e essa construção nós transferimos para a questão última sobre a criação. Assim, a própria palavra "criação," que apenas significa "fazer," é produto da nossa ilusão, e precisamos ser cuidadosos ao usar o termo em conexão com a Realidade última.

Nessa Realidade não existe uma estrutura dual; toda dualidade está enraizada na ilusão que ocorre quando externalizamos nossa separação da nossa consciência. Depois, colocamos um eu a partir do exterior e encaramos a nossa vida como uma interação entre os dois. Então transferimos essa estrutura dual, nascida da ilusão, para as nossas especulações metafísicas, e consideramos o mistério da criação como um ato, pensamento ou evento, através do qual o universo objetivo emerge de alguma outra coisa. Assim, mesmo as teorias mais sutis do universo como uma Emanação divina, ou mesmo como o pensamento ou imaginação de Deus, abrigam concepções que pertence ao mundo da relatividade e ali são justificadas, mas que não têm lugar ou sentido no mundo do Absoluto.

É curioso ver como, na filosofia do Hinduísmo, assim como em várias filosofias ocidentais, encontramos a construção eu e não eu, que é um produto da nossa ilusão diária, transferido para as realidades últimas.

Nada é, em si mesmo, nem eu nem não eu; estes não passam de termos relativos que surgem da nossa experiência diária, e a mesma coisa ou ser que, nessa experiência, é percebido como não eu pode ser o eu em relação a alguma outra coisa. Assim, é vazio de significado falar de um eu universal e de um não eu universal; não existem tais extremos, eles são abstrações da nossa experiência diária.

Mas, mesmo se abandonarmos os enganosos termos eu e não eu e falarmos do Um e dos Muitos, ou mesmo do Absoluto e do relativo, jamais poderemos explicar a criação como uma interação entre esses dois opostos. O Absoluto e o relativo não são uma dualidade de opostos entre os quais a Teia da Vida é tecida; a criação não é um servido de balsa divino que vai do Um ao Muitos e retorna ao Um novamente. É verdade que, no "processo" eterno da criação, podemos certamente distinguir um estágio onde o Absoluto está inconsciente de si mesmo na limitação do relativo e a criatura separada se reconhece apenas como um entre os muitos. Podemos experimentar esse estágio em nós mesmos, em nossa consciência diária, onde sentimos ser uma criatura separada e vemos ao nosso redor um mundo de multiplicidade. Por outro lado, em nossa realização do Absoluto nós nos conhecemos como aquilo que é todas as coisas, em uma unidade imutável. No entanto, não podemos dizer que a criação é a passagem de um estágio a outro e depois o retorno. Se, em nossa contemplação da realidade, ali distinguimos certos períodos e estágios, isso pode ser uma conveniência mental para nós, mas não podemos atribuir a eles uma realidade objetiva.

Na oscilação de um pêndulo, podemos distinguir o momento da sua maior elevação lateral e o momento em que atinge a posição neutra no centro, pelo qual novamente ele oscilará até a maior elevação do outro lado. Podemos, entretanto, não caracterizar a oscilação do pêndulo como uma conexão entre esses dois momentos diferentes de seu movimento, e sim dizer que esses momentos não passam de fases que distinguimos no movimento de oscilação. O movimento de oscilação é a realidade fundamental — quaisquer estágios que desejamos distinguir nele são conveniências mentais, não realidades. Do mesmo modo, a criação é a realidade fundamental; quaisquer estágios que desejamos distinguir nela podem ser convenientes para nós, em nossas tentativas de compreender intelectualmente algo da realidade que está além do nosso intelecto, mas não devem ser tomados por realidades objetivas; eles indicam uma relação, e nada mais.

Se contemplarmos novamente o símbolo do círculo, podemos achar mais fácil nos aproximar da realidade. No círculo somos capazes distinguir o centro e a circunferência, que podem simbolizar, respectivamente, o Um e os Muitos. Podemos pensar nos raios desse círculo como uma conexão entre o centro e a circunferência, e podemos desenhá-los dessa forma, movendo nosso lápis do centro até a circunferência e novamente de volta ao centro. Todavia, seria um grande erro se, depois disso, nós caracterizássemos a radiação como uma conexão entre o centro do círculo e sua circunferência. A radiação permanece sendo a realidade fundamental de um círculo; nessa radiação, o ponto a partir do qual ela se origina ganha significado de centro, e o limite até onde ela vai ganha o significado de circunferência. Centro e circunferência são, portanto, apenas períodos ou estágios, momentos que distinguimos no processo da radiação; sem radiação não há círculo e, consequentemente, não há centro nem circunferência.

Só existe uma Realidade que podemos designar por Absoluto ou relativo, sendo o seu próprio ser a Criação eterna, ou o eterno Vir a Ser. Se nesse eterno Ritmo criativo nós distinguirmos uma fase na qual o relativo está alheio ao Absoluto, só enxergando separatividade e um Universo externo de realidade, e outra fase na qual o relativo novamente se percebe como o Absoluto, e nessa realização é o Absoluto, assim mesmo essas fases não passam de distinções que fazemos naquilo que é inteiro e completo — a única, última, Realidade eterna.

Quando, no mundo do Real, percebemos a realidade última do Absoluto como criação ou eterno Vir a Ser, quando sabemos que o Ritmo da criação é o próprio ser do Absoluto, podemos ver o absurdo daquelas perguntas sobre do que é feito o Universo material, quem o fez e como o fez. Todas essas questões são originadas da ilusão, e a não ser que vençamos essa ilusão em nós mesmos desde o começo, veremos que ela retorna em forma sutis em cada passo de nossas contemplações filosóficas.

Para o intelecto, em sua limitação, a percepção que temos do Absoluto como criação é muito insatisfatória, pois não soluciona nem explica de modo algum os problemas que o intelecto construiu e por cujas respostas ele clama. Mas, quando obtemos a experiência dessa Realidade última, vemos as perguntas desaparecer na luz da Realidade; nessa luz podemos ver o absurdo e a distorção inerente às perguntas e aos problemas que o intelecto considera tão séria e arduamente. De nenhum modo resolvemos o problema da criação; experimentamos a realidade na qual o problema é visto como um produto da ilusão.

Nessa experiência última, sabemos que o Absoluto é criação eterna, que criação não é um ato, pensamento ou emanação do Absoluto, mas é o Absoluto, seu próprio ser, Realidade última, sem causa, sem início, fim ou propósito. É a única Realidade além da qual nada existe; não existe causa para a qual a verdade eterna pode ser traçada, nenhum resultado final que pode ser produzido ou cumprido. Podemos chamar essa Realidade última de Absoluto ou de relativo; os dois termos se referem à mesma Realidade, que é o relativo quando experimentado por uma criatura separada em um mundo de separatividade e multiplicidade, e é o Absoluto quando percebido como Aquilo que é toda a relatividade, passado e futuro, a Realidade sempre presente. Essa Realidade é Criação, é a final e sublime Verdade que percebemos no mundo da realidade eterna, a "única verdade sombria" da qual fala Dionísio. Na verdade, esse mistério final é tremendo e sombrio, embora sua escuridão seja melhor que a luz do nosso mundo-imagem e o assombro com que nos enche seja melhor do que a presunção autocomplacente do intelecto. Ela nos deixa em silêncio, pois sua simplicidade é muito grande para ser descrita. É um mistério, o Mistério da Criação, o Mistério último, mas já não é mais um problema, uma vez que nós somos Ele.

Capítulo 6
Espírito e Matéria

A natureza destas revelações é a mesma; elas são percepções da lei absoluta. Elas são soluções para as próprias perguntas da alma. Elas não respondem as perguntas que o entendimento busca. A alma nunca responde com palavras, mas pela própria coisa que se pergunta.

....

(Emerson, The Over-Soul*)*[13]

O Problema da Dualidade

A antítese de um mundo sólido, tangível e visível ao nosso redor, e de uma consciência ou vida interna intangível e invisível, é fundamentalmente a estrutura do nosso mundo e permeia tão completamente nossa visão de vida que dificilmente nos ocorre analisar ou duvidar. Sem pensar, aceitamos os dois termos dessa dualidade como realmente opostos, e nos perguntamos de onde surge essa dualidade, como esses dois elementos estão relacionados e como um pode afetar o outro.

Os nomes dados aos opostos nessa dualidade da nossa experiência diária variam – podem ser espírito e matéria, vida e forma, eu e não eu, energia e massa –, mas fundamentalmente representam aquela dualidade que parece estar na estrutura principal das nossas vidas. Em nós mesmos, estamos

13 Tradução livre (N.T.).

claramente conscientes de dois opostos, como corpo e mente; nossa vida parece ser uma sensação vinda do exterior, com o corpo afetando a mente e, por outro lado, a ação e a vontade vindo de dentro, a mente afetando o corpo. Seja qual for a teoria filosófica que apreciemos, instintivamente reconhecemos a diferença; não podemos escapar do fato de que essa interação entre mente e corpo, entre o mundo interno e externo, é, para nós, uma realidade diária. Mesmo o filósofo que, em suas especulações, tentasse negar completamente o fato dessa dualidade seria dolorosamente lembrado disso cada vez que a lei do seu corpo se opuser à lei do seu espírito, quando ele faz o que não quer fazer ou quando não faz o que quer fazer. Toda vez que experimentamos a luta entre o corpo e seus desejos e a mente e suas decisões, somos lembrados da dualidade das nossas vidas, e nenhuma teoria pode apagar essa experiência.

Em mecânica e física somos confrontados pela mesma dualidade fundamental, em termos de energia e massa. Bem sabemos que, quando queremos levantar algo pesado, precisamos de energia ou força e da distinção entre a massa inerte, pesada e sólida que queremos deslocar e a energia intangível e invisível que usamos para movê-lo, que é nítida e inegável. De fato, podemos dizer que não existe uma experiência na nossa vida diária que não demonstre essa construção dual de um jeito ou de outro. A consciência que temos de nós mesmos como "eu" e a forma com a qual olhamos todo o resto como sendo "não eu" permeia nossas vidas, está manifestada em cada uma de nossas experiências.

Portanto, é simplesmente natural que a relação entre corpo e mente, ou matéria e espírito, seja um problema fundamental em filosofia, a mais prolífica de todas as questões filosóficas; dificilmente haverá uma filosofia que não tenha alguma contribuição a oferecer para este verdadeiro enigma da esfinge: cabeça divina em um corpo animal.

Encontrar uma explicação para o problema mais importante da nossa vida diária é uma necessidade; por todo o dia estamos conscientes da mente agindo sobre o corpo e do corpo agindo sobre a mente, da energia resistindo à massa e da massa resistindo à energia, e, se estivermos de alguma maneira despertos para as maravilhas e mistérios da vida, sentiremos uma ânsia, um intenso desejo de saber como essa interação ocorre. Mesmo se, mais tarde, descobrirmos que existem falhas graves no próprio problema, mesmo que o problema, tal como está, não possa ser resolvido, o desejo de saber e a intensidade com que exigimos uma resposta são de grande valor. Somente de acordo com a intensidade das nossas perguntas é que nossa experiência última da verdade acontecerá. Se fazemos nossas perguntas filosóficas de forma indiferente e casual, numa atitude de que "seria interessante saber essas coisas", nós certamente nunca emergimos além do intelectualismo superficial. Quase todos nós, ocasionalmente, fazemos uma pergunta filosófica do mais profundo significado: o propósito da vida, a origem do mundo, a Realidade última de espírito e matéria ou a medida da liberdade e da vontade humana. Mas, na maioria dos casos, aquele que pergunta vive feliz, mesmo que não encontre resposta ou experimente a Realidade. Esse não é o caminho da filosofia verdadeira; a não ser que perguntemos com todo o nosso ser, coração e alma, não obteremos resposta. Precisamos desejar a verdade mais que a própria vida, se queremos ser merecedores de vivenciá-la.

Leia, porém, nas *Confissões*, como Santo Agostinho ansiava pela verdade; ele fala de sua "busca ardente da verdade e da sabedoria", diz que está "lutando pelo sopro da Tua verdade" e exclama, quando questiona sobre a natureza do tempo:

> Minha alma se inflama no desejo de deslindar este enigma tão complicado! Senhor, meu Deus, meu bom Pai, eu te suplico por

> Cristo; não queiras tolher a meu desejo a solução de tais problemas, tão familiares, mas tão obscuros; permite que eu os penetre, e faze com que a luz de tua misericórdia os ilumine, Senhor!

E novamente, quando contempla o problema do mal, ele fala do "tormento que o seu coração cheio de vida" suportava, dizendo que "nenhum homem soube o quanto sofreu". Essa é a atitude de quem busca a verdade e a atitude dos que a encontram; enquanto, porém, o problema para nós não passar de um quebra-cabeças intelectual, a ser resolvido da melhor forma possível, nossas respostas serão apenas explicações engenhosas, nada mais.

De acordo com o tipo ou a mentalidade de um filósofo ou de um determinado período, será dada uma resposta ao problema fundamental da dualidade; sem saber, o filósofo será influenciado, em sua lógica e bem fundamentada teoria, por sua própria atitude espontânea em relação a este Universo dual. Seria interessante se, algum dia, pudesse ser escrita uma história da filosofia na qual as doutrinas filosóficas sustentadas pelos principais filósofos fossem apresentadas como o produto inevitável de suas próprias e inatas tendências, desejos e dificuldades, e não como fruto de seu raciocínio profundo e sua lógica irrefutável. Frequentemente é a nossa visão geral da vida, o modo como nos sentimos em relação ao mundo que nos rodeia e em relação aos nossos semelhantes, nossas aspirações e lutas, nossas conquistas e falhas, que determinam nossa filosofia e suas doutrinas — não são essas doutrinas que determinam a nossa visão da vida. Aceitamos ou desenvolvemos uma filosofia de vida porque ela fornece um ordenamento no qual nossas tendências espontâneas podem trabalhar, muito embora possamos nos convencer de que fomos conquistados pela lógica de suas proposições e pela força de suas provas. Não seria difícil demonstrar como um

Spinoza, um Kant, um Schopenhauer ou um Nietzsche estavam determinados em suas doutrinas filosóficas em virtude daquilo que eles eram, e não do que pensavam. A ênfase de Santo Agostinho no pecado original é tanto um resultado inevitável da luta incessante que sua natureza passional ocasionava quanto o pessimismo de Schopenhauer era um resultado de suas experiências infelizes e seus fracassos, reagindo em uma mente que não podia se erguer triunfante sobre eles e deles obter força, em vez de cinismo. Se Schopenhauer tivesse sido feliz em seu primeiro amor, nunca teria escrito suas palavras mordazes sobre as mulheres; se Santo Agostinho tivesse conseguido harmonizar suas paixões com suas aspirações religiosas, nunca teria condenado a criança não batizada ao inferno eterno. É a nossa visão que gera a nossa filosofia, não a filosofia que gera a visão.

Existe, portanto, um elemento de verdade e de realidade em todas as abordagens sérias do problema do nosso Universo dual. Em uma crítica insensível da doutrina filosófica, sem dúvida é possível apresentá-la de tal forma que pareça se tratar apenas de fantasias fúteis de mentes áridas, mas se tentarmos entender uma doutrina a partir da mentalidade daquele que a produziu, sempre veremos que, daquela mentalidade e daquele ponto de vista, a doutrina era relativamente verdadeira.

As Soluções Monísticas

É impossível imaginar que a mente possa influenciar o corpo ou o corpo influenciar a mente, que a energia atue sobre a massa ou a massa sobre a energia, a menos que haja algo que una os dois termos em uma unidade superior, ou os reduza a um. Se a matéria e o espírito, o corpo e a mente fossem uma dualidade real, cada um essencial e fundamentalmente diferente um do outro, seria impensável não apenas que eles pudessem se influenciar mutuamente, mas também ter consciência da existência do outro. Uma vez que a interação deles é um ato em nosso Universo, devemos concluir que eles não são opostos verdadeiros, totalmente diferentes um do outro, sem possuir nada em comum, mas que deve haver uma unidade subjacente a eles de alguma forma; nosso Universo dual deve ser visto como um Universo monístico, independentemente de como atingimos esse monismo.

A forma mais óbvia de superar o dualismo em nosso Universo é reconhecer um de seus termos como real e encarar o outro como secundário, produzido de alguma maneira pelo primeiro. Assim, o materialista vê a mente como uma função da matéria e o idealista vê a matéria como uma ideia na mente.

Existe um tipo de homem que está intensamente concentrado no mundo ao seu redor, sempre buscando explorar esse mundo mais completamente, descobrir e observar mais fatos sobre ele, de forma que, em última análise, aprendendo as leis que governam esse Universo externo, a humanidade possa obter controle sobre o seu ambiente. Esse tipo de homem pode ser o mais nobre, pode ser totalmente dedicado ao serviço à humanidade, disposto a sacrificar a própria vida na busca pela verdade, pronto para ser torturado e queimado na fogueira por aderir àquilo que sabe ser verdadeiro; ainda assim, em seu intenso e absorvente interesse no Universo físico, ele provavelmente chegará a uma solução de dualidade, reconhecendo apenas a matéria como real e vendo o espírito ou a vida como um subproduto, um epifenômeno.

Existe um materialismo, no sentido ético da palavra, que é sinônimo de uma indulgência grosseira em relação aos prazeres materiais da vida; o homem que só deseja riqueza e prazer, comida, bebida e conforto material é, nesse mesmo sentido, um materialista. Devemos distinguir nitidamente esse materialismo do verdadeiro materialismo filosófico: o materialista filosófico pode ser ascético em seu modo de vida, dedicado aos outros, totalmente esquecido de si mesmo em seus esforços para melhorar a sorte do gênero humano; entretanto, em sua abordagem do problema fundamental da dualidade, ele considerará o mundo do espírito, da vida ou da consciência como vago, irreal, e proclamará a matéria como a única realidade final, sendo a mente ou a consciência apenas um resultado de processos materiais. Nessa observação do mundo ao redor ele vê que, quando a forma material é destruída ou deteriorada, a vida ou a consciência não se manifesta mais; então sua conclusão é de que, com a destruição da forma, a vida que era o seu resultado também deixa de existir. Para ele, o caráter humano não passa do resultado do funcionamento do corpo, já que, por exemplo, quando certas glândulas são atrofiadas ou não funcionam corretamente, o caráter da pessoa em questão se modifica, e, quando esse problema é sanado, as características anteriores são restauradas.

Nessas visões materialistas do Universo a Realidade última é o átomo, a unidade da matéria. No entanto, quando ponderamos sobre as últimas contribuições da física em relação à natureza da matéria, quando lemos que o átomo é uma forma de energia, que cargas de eletricidade negativa se movem ao redor de um centro positivo, podemos perfeitamente perguntar se a solução materialista do problema da dualidade não deveria mais ser chamada de materialista. A definição materialista da unidade material última e a definição idealista da unidade espiritual última não são tão diferentes como poderíamos supor. Quem pode dizer que aquilo que chamamos de Mônada, e que outros chamam de átomo, não são uma e a mesma coisa?

Assim, no monismo materialista, o mundo de matéria ao nosso redor é visto como a única realidade; vida ou consciência são apenas subprodutos dos processos físicos.

Muito diferente é a solução daqueles tipos de homem que estão intensamente concentrados no mundo interno. Para alguns, a causa disso pode ser uma certa timidez em relação ao mundo, um medo do mundo material e dos seus semelhantes, levando-os a se fecharem em si mesmos; o idealismo deles, porém, não passa de um pseudo-idealismo. No entanto, não devemos subestimar a dimensão com a qual a incapacidade de lidar com o poderoso mundo material que nos cerca pode influenciar nossa visão desse mundo. A rejeição e a negação do mundo têm sido, com demasiada frequência, a fuga de um mundo que era demasiado para o homem.

Existe, por outro lado, o idealismo verdadeiro, que está enraizado em uma intensa percepção da vida, consciência ou mente e de sua atividade criativa. Aquilo que mais absorve o idealista não é a diversidade das formas materiais, nem sua observação e classificação precisas, mas o poder da vida ou consciência sobre essas formas, o fato de que, em toda evolução, podemos reconhecer um princípio dinâmico e criativo moldando as formas. Tudo, a partir do interior, sobretudo o fato notável de que o próprio homem pode recriar esse mundo de matéria ao seu redor, pode se erguer triunfantemente sobre seu ambiente. Então, a importância e a realidade desse mundo externo retrocedem para um segundo plano; vida, espírito e mente se tornam a realidade última; a matéria e a forma são apenas uma ideia que existe na mente. Os objetos que nos rodeiam no mundo que nos parece tão real são negados como realidade objetiva e vistos apenas como imagens ou ideias que surgem ou em nossa própria mente ou na mente de algum Ser superior. As mentes e suas ideias são a realidade suprema no monismo idealista; o idealista nega realidade ao mundo material, encara-o como secundário e vê a mente ou o espírito como primários.

Existem muitas nuances tanto no materialismo quanto no idealismo, mas as características fornecidas acima são típicas da maioria: elas resolvem o problema da dualidade negando a realidade de um de seus dois termos, apresentando-o como apenas um aspecto ou subproduto do outro.

Matéria e Espírito Como "Aspectos"

Existe, entretanto, uma terceira maneira pela qual a unidade pode ser procurada: olhar para os dois, matéria e espírito, ou vida e forma, como aspectos opostos da Realidade neutra única, nem espírito nem matéria. Essa visão nos atrai institivamente, porque em nossa experiência diária muitas coisas demonstram essa dualidade de opostos se manifestando — como macho e fêmea, positivo e negativo, ação e reação, atração e repulsão. Se nossa resposta a tal apelo é filosoficamente justificada, veremos em breve; por hora, nosso objetivo é apresentar uma terceira abordagem ao mistério da dualidade que considera espírito e matéria aspectos opostos da realidade suprema. É essa doutrina que, na filosofia hindu, encontramos representada na filosofia Sankhya, e que permeia os ensinamentos da *Bhagavad-Gitā*. Assim, em seu décimo terceiro discurso,[14] lemos sobre "o Eterno supremo sem início, que não se chama ser nem não ser", e, um pouco mais adiante, é dito:

> Deves saber que a Matéria (*Prakriti*)[15] e o Espírito (*Purusha*) não têm início; deves saber também que as modificações e as qualidades são, em sua totalidade, nascidas da Matéria.

14 Brasília: Editora Teosófica, Aforismos 13. 20 e 21, p. 148 e 149 (versão Luxo). (Nota Ed. Bras.)

15 *Prakriti* (sânscrito): a Natureza em geral; a Natureza em contraposição ao *Purusha* — a natureza espiritual e o Espírito, que juntos são os "dois aspectos primitivos da Divindade única desconhecida". Glossário Teosófico, Ed. Ground, 7ª edição. (Nota Ed. Bras.)

> A Matéria se chama causa da geração de causas e efeitos; o Espírito se chama causa do sentir prazer e dor.

Aqui é impossível para o espírito influenciar a matéria ou a matéria influenciar o espírito, porque eles são aspectos da Realidade única; eles têm uma Essência em comum, e, através do que têm em comum, um pode influenciar o outro.

É essa última visão que também encontramos na literatura teosófica, como o livro de Bhagavan Das, *The Science of Peace*, e o livro da Dra. Besant, *Introduction to the Science of Peace*. Aqui, Ser e Não Ser são termos dados às realidades últimas; existe um Ser universal abstrato e um Não Ser universal abstrato, o *Pratyagatma*[16] e o *Mulaprakriti*.[17] Assim, no trabalho da Dra. Besant intitulado *Um Estudo sobre a Consciência*,[18] lemos:

> Tudo é separável em "eu" e "não eu", em "Ser e "Não Ser." Cada coisa separada está incluída sob um ou outro dos conceitos: "Ser" ou "Não Ser". Nada existe que não possa ser colocado sob um deles. Ser é vida, consciência; Não Ser é matéria, forma.

E novamente:

> Pensamos em algo separado que chamamos de "consciência", e perguntamos como ela funciona em outro algo separado que chamamos de "matéria". Não existem essas duas coisas separadas, apenas dois aspectos afastados, porém não separados daquilo que, sem ambos, é não manifestado, que não consegue se manifestar em apenas um ou outro e está igualmente em ambos. Não existe frente sem fundo, em cima sem embaixo, fora sem dentro nem espírito sem matéria. Eles se afetam mutua-

16 *Pratyagātmā* (sânscrito): o mesmo que *Jivātmā* ou *Alaya*, a Alma universal una e viva. Glossário Teosófico, Ed. Ground, 7ª edição. (Nota Ed. Bras.)

17 *Mūlaprakriti* (sânscrito): literalmente, "Raiz da Natureza (*prakriti*) ou da Matéria". Glossário Teosófico, Ed. Ground, 7ª edição. (Nota Ed. Bras.)

18 Brasília: Editora Teosófica, 2014. (Nota Ed. Bras.)

mente porque são partes inseparáveis de uma unidade, manifestando-se como dualidade no espaço e no tempo.

Nessa visão, tudo pertence ou ao Ser universal ou ao Não Ser universal; o Ser universal e o Não Ser universal formam duas divisões reais um para o outro, às quais todas as coisas criadas pertencem.

Essa solução para o problema da dualidade novamente aparece em muitas formas e interpretações diferentes; entre elas, a expressa na *Bhagavad-Gitā* e em *The Science of Peace* é filosófica e eticamente a mais valiosa. Onde falta uma interpretação mais profunda, como as que encontramos nesses trabalhos, a terceira visão degenera em uma teoria superficial de dois aspectos eternos, espírito e matéria, que se manifestam eternamente tanto no homem quanto no animal: o corpo, por um lado, o espírito ou mente por outro. Está claro que, nessa mal compreendida dualidade de aspectos, o modo de vida do homem deve ser aquele que atinja um feliz meio-termo entre espírito e matéria, um compromisso entre o Deus interior e a fera exterior. Nessa interpretação superficial, a dualidade dos aspectos é encarada como imutável, enquanto que, na interpretação teosófica citada acima, os dois aspectos são vistos na realidade suprema do Ritmo criativo no qual há um retorno do espírito ou eu para si mesmo, uma conquista do corpo pela mente, um resultado ético muito superior ao que encontramos na intepretação superficial.

Seja como for, de uma forma ou de outra, como um paralelismo, harmonia preestabelecida ou dualidade de aspectos, a terceira abordagem ao problema da dualidade aparece em uma multiplicidade de doutrinas e teorias filosóficas. Existem, realmente, muitas formas para cada uma das três teorias principais, cada forma apresentando características especiais ou qualificações que afetam profundamente os pontos de vista anteriormente apresentados. Mesmo assim, as três teorias descritas são os principais caminhos da abordagem filosófica ao problema da dualidade.

O Problema em Si é Errôneo

A maioria das teorias que oferecem uma solução para o problema da dualidade em nosso Universo aceitam sem hesitar o problema tal como está e aplicam seus poderes intelectuais para resolver a dificuldade que é apresentada; muitas vezes deixam de analisar primeiro o problema em si, a questão conforme proposta, e de ver se o problema está formulado corretamente. Vamos então primeiro analisar a dualidade que nos parece tão evidente e ver como concluímos que existe realmente um Universo objetivo, um mundo externo de matéria e um mundo interno de espírito ou vida.

Vimos, em um capítulo anterior, que o Universo que aparece ao nosso redor é a imagem produzida em nossa consciência por uma Realidade última. Quando desassociamos essa imagem do mundo da consciência que a produz, quando a externalizamos e a transformamos em um mundo externo e objetivo, inteiramente à parte da nossa consciência, criamos um abismo que separa nosso mundo-imagem objetivado da consciência que o produziu, e, nessa separação, produzimos o problema da relação de duas coisas aparentemente separadas: o Universo material ao nosso redor e a nossa consciência interna. Então, essa aparente dualidade se torna a base do nosso Universo dual, e sobre essa base são erigidas as diferentes perguntas e respostas que lhe dizem respeito.

Mas, na filosofia, não temos o direito de aceitar como sacrossanto qualquer problema que o intelecto ou a experiência diária nos impõe; ao contrário, é nosso dever primeiro analisar e estudar o problema e ver se o erro e a ilusão não se infiltraram nele. Nós apenas nos comprometemos quando tentamos responder um problema que, em si mesmo, possui o elemento do erro; precisamos primeiro purificá-lo desse erro, e depois talvez seja possível nos aproximarmos da realidade.

Na nossa interpretação da realidade, do nosso mundo-imagem, sem dúvida experimentamos um eu interior e um mundo de não eu exterior. Essa experiência nos é bastante real, mas associar o Absoluto a um Eu, que postula um Não Eu oposto a si mesmo, é transferir as ilusões da nossa consciência do mundo-imagem para a nossa investigação filosófica. No Absoluto, na Realidade última, não existe algo como um Eu abstrato universal, nem um Não Eu. Eu e não eu são concepções que não se encaixam no mundo da Realidade, são experiências da criatura individual no mundo do relativo; transferi-las desse mundo da relatividade para o mundo do Absoluto é uma heresia filosófica. Tampouco podemos encarar ambos, o Eu universal e o Não Eu universal, como duas divisões principais às quais todas as coisas pertencem — veremos, em breve, que não há nada que seja eu ou não eu em si mesmo; as coisas apenas aparecem como eu ou não eu para nós. Eu e não eu são experiências relativas a nós mesmos, e possuem valor apenas com relação à consciência que as experimenta. Podemos designar uma construção "eu e não eu" à Consciência que governa um Universo, à consciência de uma Divindade solar ou *Logos*; aqui, ainda estaremos no mundo da relatividade. Entretanto, transferi-los (ou tentar transferi-los) para o mundo da Realidade, para o mundo do Absoluto, é impossível. Eles não se encaixam ali, são flores da ilusão que não podem viver no mundo da Realidade; falamos de um Eu universal, não de uma Realidade última, mas de uma ideia abstrata que nós mesmos destilamos de nossa experiência diária.

Assim, o primeiro fantasma a ser enterrado é aquele da antítese do Eu e Não Eu, ou de um Universo externo objetivo e de um mundo de consciência interno. Eles não passam de conceitos nascidos da ilusão; em nossa abordagem da realidade, precisamos primeiro superá-los.

É interessante ver como o problema da dualidade foi superado na física moderna. A questão aqui diz respeito à concepção de massa ou matéria, de um lado, e de força ou energia, de outro. Aqui também houve tentativas de reconciliação que buscaram resolver a dualidade reduzindo um dos termos a apenas uma forma do outro. Assim, por um lado, encontramos a ideia de força reduzida à ideia da massa: Hertz afirmou definitivamente que aquilo que designamos como força e energia não passa de uma ação da massa ou movimento. Por outro lado, Boscovich, por exemplo, explica os átomos como sendo apenas "centros de energia," dessa forma reduzindo toda massa ou matéria a uma forma de energia ou força. Ultimamente, entretanto, a velha e consagrada antítese entre matéria e energia tem sido questionada e ambas têm se revelado conversíveis uma na outra. A inércia, até então característica marcante da massa, é vista como uma característica também da energia; descobriu-se que a inércia em velocidades muita elevadas varia conforme a velocidade. A física moderna reconhece, assim, uma massa de origem puramente eletromagnética variando com a velocidade. Da mesma forma, a quebra do átomo libera energia; uma das possibilidades da física moderna é a liberação dessa energia aparecer como matéria, e, na liberação, essa mesma matéria deixar de existir como antes. Podemos dizer com segurança que a nova física está transcendendo o velho problema da dualidade entre matéria e energia, não através da redução de um em função do outro, mas demonstrando que elas são mutuamente conversíveis.

Superficialmente, pode parecer estranho que a ciência, que lida com o mundo do fenômeno, possa ser capaz de superar o problema da dualidade, ou, pelo menos, vir a reconhecer que a dualidade, tão nitidamente definida na física clássica, seja uma ficção. Mas não devemos esquecer que a física moderna é capaz de transcender as suas limitações anteriores por causa da nova matemática que utiliza em seus cálculos, assim como na teoria da relatividade, nelas baseada, a ilusão que tornaria absoluto o que é relativo foi superada.

Precisamos, portanto, deixar de nos fascinar pelo problema da dualidade, seja em sua apresentação científica ou filosófica, e, pondo de lado essas questões nascidas da ilusão, nos aproximarmos dessa Realidade, onde as questões são ultrapassadas pela experiência das coisas como elas são.

A Experiência no Mundo do Real

Vamos, novamente, nos retirar da contemplação do nosso próprio mundo-imagem e nos voltar para o interior, através do nosso centro de consciência, entrando no mundo do Real. Isso deve ser feito não apenas em pensamento, mas em realidade; só assim podemos experimentar em nós mesmos aquilo que, quando expresso em palavras, parece ser apenas um paradoxo intelectual. Sempre que tentamos nos aproximar da realidade de algum problema no mundo do Real, devemos retirar nossa consciência da contemplação do nosso mundo-imagem em estágios graduais e lentos, nos voltar para dentro e, através do vazio onde não há conteúdo de consciência, passar para o mundo da Realidade.

Aqui já não estamos conscientes de nada, somos todas as coisas. Quando, no mundo da Realidade, experimentamos as coisas como elas são, não há em nenhum lugar um traço de espírito ou matéria; não há um certo grupo de coisas rotuladas como "matéria" ou "não eu" e um outro grupo rotulado como "eu". Aqui, toda distinção parece sem significado, é apenas o nosso ser relativo que, em nossa experiência diária, faz com que olhemos para certas coisas como sendo em si mesmas matéria e, para outras, como sendo em si mesmas espírito ou Eu. No mundo do Real não encontramos essas diferenças; todas as coisas ali são essencialmente as mesmas, um átomo de matéria assim como um ser vivo. São todos modos do Absoluto e suas diferenças não são diferenças no ser, mas na plenitude da realização. Em nenhum lugar neste mundo da realidade encontramos um traço de um Ser universal ou um Não Ser universal; estes não passam de concepções intelectuais destiladas da nossa experiência diária. A pedra que me parece não eu em meu mundo-imagem e a consciência que surge como eu nesse mesmo mundo-imagem são, aqui, experimentadas como essencialmente a mesma coisa; não há nada para marcar uma como eu e outra como não eu – a distinção parece fútil. O eu que experimentamos é o que já foi descrito: a simultânea ou eterna presença de toda relatividade no Absoluto, a eterna, imutável Realidade de toda mudança, crescimento ou vir a ser, de toda a criação, que é vista como a própria natureza do Absoluto. No mundo do Real não há mais razão para chamar o *Logos* de um Sistema Solar como "Ser", tanto quanto para chamar um átomo de matéria como "não ser"; um e todos são a eterna relatividade do Absoluto que, neles, está limitada como relativo.

Se, portanto, todas as coisas são essencialmente a mesma coisa, por que deveríamos perceber algumas como "matéria"? De onde vem nossa consciência da matéria como sólida e dura, pesada e impenetrável, a nos rodear como um mundo exterior? Se todas as coisas, quer as chamemos de "matéria" ou "espírito," são um e todos os modos do Absoluto, especificamente o mesmo, por que então algumas delas nos aparecem como espírito, outras como matéria, algumas como eu, outras como não eu, algumas como vida, outras como forma? Por mais que sejam iguais em tipo no mundo do Real, não há dúvida, como explicado no início deste capítulo, de que elas aparecem para nós em nossa consciência diária como uma dualidade muito real, especificamente diferente.

Quando consideramos essa questão à luz da nossa experiência no mundo da Realidade, podemos dizer o seguinte: é a ação das coisas em si mesmas sobre nós, no mundo do Real, que é objetivada em nossa consciência como o nosso mundo-imagem. Quando a realidade que nos contata é superior a nós, uma realização mais completa do que nós mesmos, o resultado produzido em nossa consciência é um senso de um ser mais enriquecido; tocamos algo maior que nós mesmos e vivenciamos um enriquecimento que chamamos de "vida" ou "espírito". Quando, entretanto, a realidade que contatamos é de uma ordem inferior a nós, de forma que somos incapazes de nos expressar através dela sem restrição, o resultado em nós é de limitação em vez de expansão. Essa limitação é objetivada em nosso mundo-imagem como aquilo que está fora de nós, algo que nos envolve, os muros da prisão que nos rodeiam: matéria ou forma. Assim, podemos caracterizar a matéria ou forma como o modo pelo qual uma realidade inferior parece ser superior, e espírito ou vida como o modo pelo qual a realidade de uma ordem superior parece ser de uma ordem inferior. Espírito e matéria são termos que indicam a relação entre os diferentes modos do Absoluto; como tal, eles são termos extremamente úteis e possuem um significado muito real. Quando, entretanto, nós os encaramos como objetivos, como realidades que existem independentemente, eles se tornam absurdos e sem significado.

A mesma coisa que é vida para uma realidade inferior será forma para uma superior; nós, que somos vida ou eu para as células do nosso corpo, somos forma ou não eu para algum ser superior, para o qual não passamos de células em seu próprio corpo. Portanto, não é correto dizer que uma coisa é matéria ou espírito, não eu ou eu como tal, em si mesma; ela só pode ser vida ou forma, eu ou não eu, em relação a alguma outra coisa, e só é vida ou forma em relação àquela coisa ou grupo de coisas em particular. Somos novamente confrontados com o velho e fatal erro de esquecer a relatividade dos termos que usamos, transformando-os em entidades absolutas. Vida e forma, espírito e matéria, eu e não eu são termos extremamente valiosos, desde que compreendamos que eles apenas indicam uma relação; eles se tornam perigosos e errôneos quando nos esquecemos disso e os isolamos em um pedestal como realidades independentes e essencialmente diferentes. Tendo feito isso, podemos fazer todas as perguntas e criar todos os problemas que quisermos sobre eles; todos permanecerão sem solução.

Matéria e Espírito como Relações

Talvez possamos entender melhor se compararmos a relatividade dos termos matéria e espírito a uma relação matemática. Uma vez que aquilo que chamamos de espírito ou vida não passa de uma relação de um modo superior com um inferior, e matéria ou forma não passa de uma relação de um modo inferior como um superior, podemos expressar graficamente essa relação no diagrama da página ao lado.

Se três quantidades (*a*, *b* e *c*) estão relacionadas de tal forma que *b* é x vezes *a*, onde *c* é x vezes *b*, então está claro que *b* está na relação de "x vezes" para a quantidade *a* e, ao mesmo tempo, estará na relação de "dividido por x" com *c*. Vamos considerar a relação de "x vezes" como vida ou espírito, e a relação "dividido por x" como matéria. Então, *b* estará relacionado como espírito ou vida com *a*, e, ao mesmo tempo, estará relacionado como matéria ou forma com *c*. Se *b* representa nossa consciência humana, todas as coisas pertencentes à classe *a* estarão na posição "dividido por x" em relação a ela.

Diagrama 5

A relatividade do espírito e da matéria

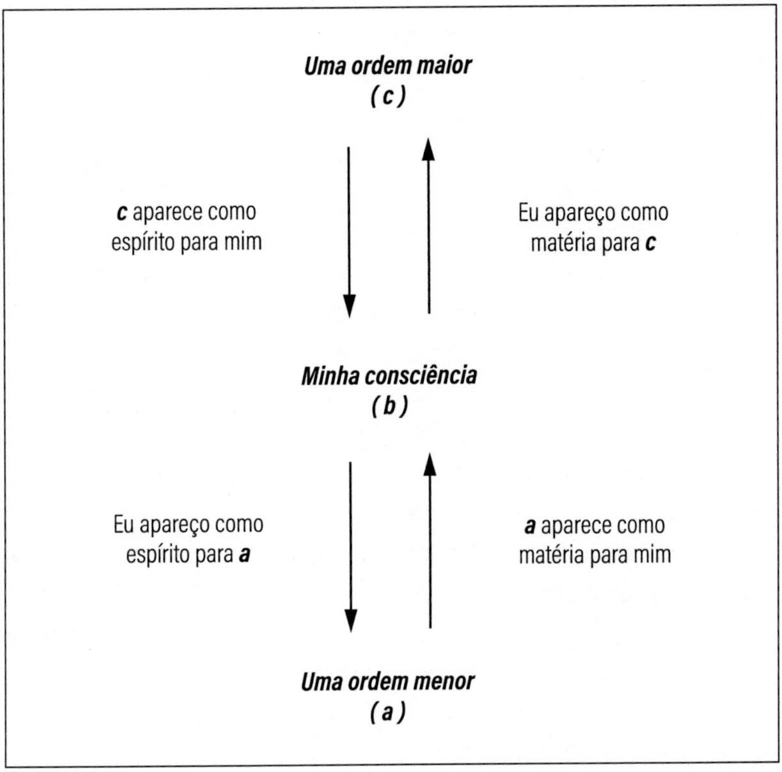

$\boldsymbol{b} = xa$ (minha consciência é como espírito para *a*)

$\boldsymbol{b} = \frac{c}{x}$ (minha consciência é como matéria para *c*)

a relação $x*$ denota espírito

a relação $\frac{\quad}{x}$ denota matéria

$x*$ e $\frac{\quad}{x}$ são tão sem sentido em si mesmos quanto espírito e matéria

Isto quer dizer que elas nos aparecerão como matéria, forma, enquanto todas as coisas pertencentes ao grupo *c* estarão em relação à ela na posição "x vezes", como espírito ou relação de vida. Nós, entretanto, esquecemos tudo sobre a relatividade do nosso ponto de vista, e gradualmente começamos a acreditar que a relação espírito ou "x vezes algo" é inerente a *c*, do mesmo modo que a relação "dividido por x" é inerente à *a*, exaltando, assim, o que é apenas uma relação de uma entidade com a existência objetiva. Tendo, dessa forma, exteriorizado e objetivado à uma existência absoluta exterior aquilo que é apenas uma relação conosco, começamos a ponderar por que algumas coisas são "divididas por x" (ou matéria) em si mesmas e outras coisas são "x vezes" (ou espírito) em si mesmas, e nosso problema fica inevitavelmente desprovido de sentido.

Entretanto, isso é exatamente o que fazermos na vida diária, quando questionamos o que faz com que algumas coisas sejam matéria e outras sejam espírito – enquanto, na realidade, a verdadeira pergunta seria por que algumas coisas estão conosco na relação com a matéria e outras coisas na relação com o espírito. Nada é matéria ou espírito em si mesmo; uma coisa só pode ser matéria ou espírito em relação à outra coisa, assim como uma quantidade matemática não pode ser "x vezes" por si só: ela sempre tem que ser "x vezes alguma coisa". Da mesma forma, não pode ser "dividida por x" por si só; sempre tem que ser "alguma coisa dividida por x". Objetivar essas relações em entidades independentes, fazer delas uma qualidade inerente à quantidades *a* ou *c*, é um erro tão grande quanto acreditar que qualquer coisa é, por si só, espírito ou matéria, vida ou forma. Uma coisa não pode ser por si mesma uma relação – só pode ter relação com alguma outra coisa. É a nossa paixão em fazer uma entidade absoluta daquilo que é apenas uma relação que gera a dificuldade do nosso problema de espírito-matéria e das perguntas sobre dualidade em geral.

Podemos, agora, ver o absurdo de todas as tentativas de proclamar a prioridade de qualquer das duas relações como a única real, como se apenas a relação "x vezes" fosse real, e a relação "dividido por x" não passasse de um subproduto da outra relação. Isso é o que fazermos quando dizemos que apenas a mente é real e que a matéria não passa de um resultado da mente. Do mesmo modo, seria irrazoável e sem sentido dizer que "x vezes" é apenas um produto de "dividido por x," que apenas "dividido por x," ou matéria, seria real, e que a mente seria um subproduto da matéria. É ainda mais irreal envelopar a origem do espírito e da matéria em um glamour religioso e metafísico, e dizer que o Absoluto, de alguma forma misteriosa, se divide em dois aspectos de espírito e matéria, ou eu e não eu, eternamente opostos. Também podemos criar entidades abstratas a partir das relações "x vezes" e "dividido por x", e dizer que o Eterno se apresenta em dois aspectos opostos, um chamado de aspecto "x vezes" e outro de aspecto "dividido por x". Demonstramos, em nossas tentativas de tais explicações, o poder da ilusão do nosso mundo-imagem sobre nós e a nossa sujeição a este pecado original da filosofia: criar entidades absolutas a partir de coisas que são apenas relações. Assim, só posso repetir que, ao tentar solucionar o antigo problema do espírito e da matéria, nós nos comprometemos filosoficamente e nos condenamos não apenas a ficar sujeitos à ilusão do nosso mundo-imagem, mas a praticar um crime de *lese majeste*, que cometemos ao tentar transferir nossas ilusões para o mundo da Realidade última.

No entanto, nossa experiência de certas coisas como matéria, como forma, como um Universo objetivo e sólido ao nosso redor, e de outras coisas como vida ou espírito internos, é bem real — e nem por um momento devemos cometer o erro de tentar negar a realidade da *nossa experiência* de dualidade. Apenas não devemos esquecer nunca que essa aparente dualidade se deve apenas *ao modo como as coisas aparecem para nós*, devido à relação que algumas coisas possuem conosco e que, por isso, nos afetam como um ser superior, espírito, ou como limitações da existência, da matéria. Também não devemos esquecer que a mesma coisa que é forma para nós pode ser vida em relação a outra coisa, e que nós mesmos, que somos espírito em relação ao nosso corpo, podemos ser matéria em relação a alguma entidade superior. Matéria e espírito são termos que indicam uma relação, não realidades abstratas em si mesmas.

Agora está claro como o nosso corpo pode atuar na mente ou a mente atuar no corpo, assim como força ou energia pode afetar a massa e a massa resistir à energia. No mundo da realidade não existe nem espírito nem matéria, nem vida nem forma; existem apenas modos de ser do e no Absoluto. O fato de que alguns destes, quando contatados por uma consciência humana, possam parecer uma das relações mencionadas se deve apenas ao lugar da nossa consciência na escala de todas as coisas relativas; quando nosso lugar nessa escala muda e evoluímos de seres humanos para seres super-humanos, essas relações também mudam. Entretanto, em sua realidade eterna, as coisas não mudam em nada; é apenas na nossa experiência delas, em nossa relação com elas, que as coisas ganham o significado de matéria, espírito, vida ou forma. Nossas interpretações da Realidade podem variar, mas a Realidade permanece e nunca é afetada pelos nomes que damos às experiências que temos dela.

Capítulo 7
O Fantasma do Mal

Depois disto, vi Deus num Ponto, isto é, no meu entendimento – pelo qual vi que Ele está em todas as coisas; eu contemplei e considerei, vendo e conhecendo à vista, com um suave pavor, e pensei: o que é o pecado?

....

(Juliana de Norwich)

Os Opostos: Bem e Mal

De todos os terrores que o homem criou para si, não existe um mais potente que aquele do Mal. Desde os primeiros tempos – quando o homem primitivo vivia em um mundo povoado por terríveis mistérios, entidades malignas sempre procurando a ele se opor e prejudicar – até os dias de hoje, o Mal, de uma forma ou outra, tem aparecido como uma realidade objetiva, um poder se opondo ao bem; o mal na sua própria natureza, algumas vezes até como um ser, um Senhor do Mal. O egípcio antigo via o mal o ameaçando de várias formas estranhas; precisamos apenas ler *O Livro dos Mortos* para ver o quão profundamente a vida egípcia, especialmente após a morte, era dominada por medos de seres estranhos e malignos, difíceis de derrotar e inofensivos apenas para aquele que pudesse repeli-los com a magia do encantamento cerimonial. A perspectiva religiosa do antigo Egito não deixava qualquer dúvida sobre a realidade do mal; não havia uma eterna batalha entre Osiris, Ísis e Hórus, e o Maligno, Set ou Tifão?

Na religião da antiga Pérsia, esse dualismo de bem e mal é ainda mais pronunciado; a vida é vista como uma eterna batalha entre o poder do Bem, Ahura Mazda, e o poder do Mal, Aura Main. Os seguidores de Zarathustra o consideravam o campeão de Ahura Mazda, um soldado lutando sob Seu comando em Sua grande batalha para derrotar o Maligno. Não há dúvidas no Zoroastrismo sobre a realidade objetiva do mal; bem e mal são uma dualidade eterna, dois poderes distintos, batalhando pela supremacia.

O dualismo zoroastrista teve uma profunda influência nas ideias religiosas judaicas. No Velho Testamento, o mal aparece também personificado: Satã, o Príncipe do Mal, é o Inimigo da nação humana. No Cristianismo, essa concepção de um Mal personificado tem permanecido como uma desanimadora herança da tradição judaica, mesmo que pouca justificativa se encontre no ensinamentos reais de Cristo para a concepção de um mal objetivamente real. Os primeiros cristãos, em seu medo de um mundo cheio de tentações, também estavam prontos para reconhecer a astúcia dissimulada do Inimigo da raça na beleza do mundo que os rodeava — quando um pouco de introspecção poderia ter-lhes mostrado sua própria fraqueza e incapacidade de se alegrar com aquela beleza sem se ser por ela escravizados.

Na história da filosofia encontramos a necessidade de um esforço contínuo para lidar com o problema do mal, que, mais do que qualquer problema filosófico, nos afeta diretamente em nossa vida diária. Aqui certamente não estamos lidando com uma abstração vaga, de interesse apenas para o teólogo ou filósofo sutil, já distanciado da vida cotidiana. A experiência do mal como um poder em oposição ao bem, a percepção em nós mesmos de uma batalha incessante entre aspirações elevadas e desejos terrenos, é muito real para ser negada. Durante todo o dia estamos conscientes, de uma maneira ou de outra, da nossa própria vontade e determinação, e, por outro lado, de um poder que resiste e até nos atrai para longe do objetivo a que nos propusemos. A literatura de todas as nações, em todos os tempos, está repleta de temas dessa batalha entre o bem e o mal na vida humana, entre aspirações nobres e desejos ignóbeis. São realmente poucos os trabalhos de literatura onde esse tema, de uma forma ou de outra, está ausente; a vida de todo ser humano é apenas um capítulo no eterno épico da luta entre o bem e o mal. A consciência dessa luta dificilmente foi expressa de forma mais dramática do que na Epístola de São Paulo aos Romanos, onde o Apóstolo diz:

> Porque não faço o bem que quero, mas o mal que não quero esse faço.
> Ora, se eu faço o que não quero, já o não faço eu, mas o pecado que habita em mim.
> Acho então esta lei em mim, que, quando quero fazer o bem, o mal está comigo.
> Porque, segundo o homem interior, tenho prazer na lei de Deus;
> Mas vejo nos meus membros outra lei, que batalha contra a lei do meu entendimento, e me prende debaixo da lei do pecado que está nos meus membros.
> Miserável homem que eu sou! Quem me livrará do corpo desta morte?
> (Romanos 7:19-24)

É natural que, como São Paulo, localizemos instintivamente o mal em nossa natureza física, o "corpo de pecado" do qual ele fala; de alguma forma sentimos que a tendência para o mal é inerente à matéria como tal. Em muitas filosofias, mesmo no Platonismo e no Neoplatonismo, é a matéria e o mal que obscurecem o bem no espírito. Entretanto, se passamos a analisar nossas ações erradas, não poderemos atribuí-

-las apenas ao nosso corpo e suas tendências; nós mesmos temos que dar nossa permissão antes que uma ação seja feita, e, assim sendo, estamos conscientes de um senso de culpa ou mesmo de vergonha quando fazemos algo que não é correto. Se nossos erros fossem meramente inerentes ao corpo, não teríamos a sensação de ter feito algo errado; sabemos muito bem que, no momento da nossa ação, queríamos mesmo fazer essa coisa, apesar de sabermos o tempo todo que era errada. Então, dado que o mal em nós reside no uso errado da nossa vontade, permanece a questão: o que há no homem que faz com que ele consinta a coisa errada? Não passa de um lugar comum filosófico dizer que todas as coisas são boas e que o mal é apenas a ausência do bem; essa ingenuidade intelectual pode soar razoável, mas não significa nada. Sabemos perfeitamente que o mal ou o incorreto não são uma simples ausência do bem, nem uma neutralidade incolor, mas algo positivamente diferente da bondade — aparentemente o seu oposto.

Qual é, então, a origem desse mal, seja inerente à matéria enquanto tal, seja na vontade humana como uma tendência, seja personificado no Príncipe do Mal, que trava uma guerra perpétua contra o Poder de Deus? Especialmente na teologia cristã achamos difícil explicar a existência do mal, sobretudo quando consideramos Deus como o Criador de todas as coisas. Como pode um Criador ser onipotente e bom e, ainda assim, criar o mal ou permitir que ele se origine? Ou Deus criou o mal intencionalmente, e nesse caso não poderíamos chamá-Lo de bom, ou Ele não pôde evitar criá-lo — ou pior, o mal possui uma existência objetiva à parte do Ser divino, em eterna oposição a Ele —; em ambos os casos, dificilmente poderíamos chamar Deus de onipotente. Não nos ajuda afirmar, como é dito várias vezes, que Ele deu livre-arbítrio ao homem, o poder de escolher entre o bem e o mal, e que o homem escolhe erroneamente. Se o homem pode escolher erroneamente, aquela inclinação para o mal deve ter sido criada nele; se ele tivesse sido criado inteiramente bom, só poderia escolher o bem – portanto, o problema permanece o mesmo. Tampouco podemos encarar a escolha deliberada do mal pelo homem como um infortúnio não previsto no esquema das coisas, algo em que o Criador não havia pensado; nesse caso, onde está a Omnisciência divina?

Podemos ver a inabilidade da teologia cristã ortodoxa para lidar com o problema nas seguintes palavras do muito usado *Manual de Teologia* do Dr. Strong:

> O mal é um fato tal como as coisas são agora, mas pensamos que não era uma parte necessária do esquema. Vemos como Deus o domina para o bem, como Ele o utiliza na educação da humanidade; sabemos que, através do Seu Filho, Ele nos salva dele; e a possibilidade dele parece-nos pertencer ao exercício do livre-arbítrio. Mais do que isso, duvidamos que a mente humana possa ir. Mas o mistério que permanece insolúvel é, afinal, um mistério metafísico ou intelectual; não há lugar para dúvidas nem quanto ao ódio de Deus pelo mal, nem quanto ao Seu Poder de vencê-lo; a Encarnação é a medida tanto de Seu ódio pelo mal quanto de Seu Poder.

Aqui, como em outros lugares, encontramos a realidade do mal aceita sem hesitação; em vez de analisar primeiro o problema e ver se ele tem justificativa, ou se o problema em si mesmo é um equívoco, o homem desgasta e tortura seu cérebro na tentativa de resolver uma questão que está essencialmente errada. Entretanto, precisamos sobretudo evitar frases vazias, como "o mal é a ausência do bem" ou "não existe mal, mas sim ignorância", ou a pior de todas: "Neste mundo de opostos, não podemos ter o bem sem o mal, assim como não podemos ter luz sem escuridão." Todas essas afirmações são desprovidas de significado; quando fazemos o mal, sabemos muito bem que se trata de algo mais que ignorância, pois a ignorância por si só não nos faria sentir culpa, vergonha ou mesmo desprezo por nós mesmos. Nossa experiência do mal, nossa consciência de que estamos fazendo algo errado, é muito real; negá-la seria absurdo, mas aceitar a questão do mal como um problema real, a ser resolvido tal como está, seria pior. Vamos, por um tempo, deixar o problema de lado e entrar no mundo da Realidade, onde podemos conhecer as coisas como elas são.

O Bem, o Mal e a Realidade

Quando entramos no mundo do Real, não deixamos um mundo por outro; não nos retiramos sequer por um momento do mundo físico que é menos real para o mundo espiritual de uma realidade superior. Essa é uma má interpretação contra a qual precisamos nos precaver incessantemente — só existe um Mundo, o mundo do Real, e nesse mundo estão todas as coisas, inclusive aquelas que chamamos de "objetos físicos". Portanto, não abandonamos um mundo por outro, não entramos em um reino superior ou mais elevado; entramos no mundo das coisas como elas são, e nele vivenciamos a realidade daquilo que em nosso mundo-imagem aparece como o nosso universo físico.

Quando, sob a luz dessa experiência no mundo da Realidade, consideramos o problema da origem e da existência do mal, vemos que esse problema perdeu seu significado; não existe nada no mundo da Realidade que possa ser chamado de mal. Tampouco podemos chamar qualquer coisa ali de bem, pois as palavras "bem" e "mal" não possuem qualquer significado na vivência da Realidade — nós experimentamos as coisas como elas são e não podemos dizer que elas são boas ou más por si só; elas são o que são e sua existência é a sua justificação. Podemos agora entender porque Juliana de Norwich, por causa da suprema experiência mística em sua vida, disse que viu Deus em todas as coisas e, ao vê-Lo dessa maneira, pensou "com um suave pavor": "O que é o pecado?" Para alguém que cresceu dentro do dogmatismo do Cristianismo medieval, com sua ênfase no homem pecador e na realidade do mal como um poder em sua vida, deve realmente ter sido um choque descobrir que, no mundo da Iluminação divina, a palavra "pecado" ou "mal" era desprovida de significado. Na Experiência suprema não estamos mais no mundo da relatividade; assim, bem e mal se tornam palavras sem sentido.

Assim como não podemos dizer que algo em si mesmo é ou espírito ou matéria, também não podemos dizer que qualquer coisa no mundo da Realidade é boa ou má. Descobrimos que matéria e espírito são os modos com que as coisas como são aparecem *para nós* enquanto seres humanos, e vimos que depende do nosso lugar na escala de todas as coisas se algo aparece para nós como espírito ou como matéria. Foi o esquecimento da nossa relação pessoal nessas concepções de espírito e matéria que fez com que as encarássemos como realidades absolutas, independentes da nossa consciência humana, em vez de encará-las como relações com essa consciência.

Nosso procedimento psicológico em relação ao bem e ao mal é o mesmo; no contato com as coisas como elas são no mundo do Real, algumas parecem ou são por nós vivenciadas como boas e outras como más; bom e mau indicam o modo como as realidades nos aparecem em nosso nível humano. Até agora, nenhuma ilusão, nenhum perigo de erro se infiltrou nas nossas concepções; a experiência de certas coisas como boas e outras como más é bastante real. Mas quando esquecemos que esses termos, bom e mau, apenas indicam o modo como as coisas em si mesmas nos parecem, quando criamos realidades objetivas a partir de coisas que não passam de relações conosco, então geramos monstruosidades que, dali em diante, sempre assombrarão nossa atmosfera filosófica. Bem e mal são bastante reais como relações das coisas com os seres humanos; torná-los absolutos é criar problemas insuperáveis e insolúveis.

Em breve veremos o significado dos termos bem e mal no mundo da relatividade, onde eles não apenas possuem um significado profundo, mas no qual são uma experiência bastante real para cada um de nós. Agora, entretanto, vamos considerar o problema à luz da Realidade última, onde nem bem nem mal possuem significado; eles não são realidades últimas, e nós já discutimos o lugar-comum filosófico de dizer que o mal é apenas a ausência do bem. Mas existem uns poucos, na busca pela Realidade última, capazes de abandonar totalmente seu apego ansioso ao mundo da relatividade; eles reconhecerão que o mal não possui existência objetiva, mas certamente dirão que o bem possui uma existência real e objetiva – não falamos do próprio Deus como sendo bom, o Bem supremo, de fato? Será que toda a nossa vida, toda a estrutura moral da nossa ordem social não desmoronaria se deixássemos de reconhecer a realidade última do Bem?

Se tivermos medo de abandonar os aspectos familiares do nosso mundo-imagem, melhor seria não embarcar na busca pela realidade. A Realidade última não está condicionada por qualquer resultado que possamos, com ou sem razão, temer para nós mesmos ou para a ordem social em que vivemos – a Realidade última *é*. Nela nada é bom e nada é mau; se desejarmos chamar essa Realidade última e absoluta de Deus, então certamente não podemos dizer que Deus é bom. Só podemos aplicar a palavra "bom" a seres ou coisas no mundo do relativo; podemos falar da Divindade de um Sistema Solar como sendo boa, pois Ela, para nós, é realmente o Bem supremo; podemos dizer que Ela é Amor, Bondade e qualquer outra qualificação que possamos utilizar para tentar descrever o Ser supremo desse nosso Universo no mundo da relatividade. Mas nenhum desses termos jamais poderá ser aplicado à Realidade absoluta; o Absoluto está verdadeiramente "além do bem e do mal". Pensar na Realidade última como "boa" é tão antifilosófico quanto pensar nela como "espiritual", pois ela não é nem uma coisa nem outra, ela é Aquilo que para nós aparece como matéria ou espírito, bem ou mal.

Entretanto, devemos nos precaver contra um erro igualmente grave, se não mais grave, de tentar transferir o Absoluto para o mundo do relativo e considerar o "estar além do bem e do mal" como uma façanha ou ideal possível na evolução humana. Apenas a Realidade última está além do bem e do mal, e apenas em nossa vivência da Realidade última estamos além do bem e do mal; no momento em que entramos no mundo do relativo, bem e mal se tornam de fato bem reais.

Bem e Mal no Mundo do Relativo

Se no mundo do Absoluto nada é bom ou mau, enquanto no mundo do relativo estamos dolorosamente conscientes de que algumas coisas são más e outras boas, o que faz com que experimentemos algumas coisas como más e outras como boas? Comecemos por reconhecer que, em todo ponto do vasto esquema de evolução, certas coisas são corretas e adequadas para a criatura em evolução e outras não. Assim, certas condições de vida eram corretas para os répteis pré-históricos; entretanto, quando evoluíram para criaturas aladas, elas precisavam de condições de vida bem diferentes daquelas que eram adequadas para o réptil. O mesmo é válido para diferentes criaturas na atualidade; a água é um ambiente correto e adequado para o peixe, assim com o ar para o pássaro e a terra para a toupeira. Para cada um desses o ambiente do outro pode ser fatal, e aquilo que é correto para um é errado para o outro; dizer que qualquer ambiente é correto ou errado por si só seria esquecer a relatividade envolvida e criar um absolutismo absurdo a partir daquilo que é uma verdade relativa.

Encontramos novamente esse conceito de adequação e "correção" na vida de toda criatura individual dentro das espécies; aquilo que é correto e necessário para um ovo deixa de ser correto para o ninhego, e o ambiente da criatura indefesa já não é adequado para o animal adulto. O mesmo se dá na vida humana: condições que são corretas para a criança seriam absurdas para o jovem, e aquelas que são adequadas ao homem adulto podem até matar uma criança em crescimento. A relatividade reina por toda parte, o que é correto para um é errado para o outro; nada é correto ou errado por si mesmo.

Passando do fisiológico para o psicológico, verificamos que o mesmo é verdade. O esquema da vida que convém para um certo tipo de pessoa e é a própria condição de sua autoexpressão seria um impedimento ou uma impossibilidade tanto para um tipo menos evoluído quanto para um tipo mais evoluído. Existe um esquema de vida que podemos expressar nas regras de certo e errado em cada estágio de evolução; aquilo que é certo para um estágio geralmente é errado para outro.

Na filosofia Hindu esse fato é ensinado como a doutrina do *dharma*, uma palavra que é traduzida de formas variadas, como "dever", "lei", "correto" ou "virtude" — palavras que parecem bem distantes, mas que estão contidas no significado completo da palavra *dharma*. Não existe palavra em português para traduzir tudo o que o *dharma* significa; a tradução mais aproximada seria, talvez, "o correto", aquilo que é lícito, certo e adequado. Essa correção ou adequação seria, então, a lei do comportamento social, o *dever* na vida do indivíduo, a *verdade* nos assuntos filosóficos e religiosos, mas a ideia central sempre seria aquilo que é correto e adequado. Assim, no *Manu-Smrti*[19] verificamos que existe um *dharma* diferente para cada um dos *yugas*[20] ou períodos de evolução, ou seja, cada estágio da evolução possui um conjunto de leis, costumes e mesmo preceitos éticos diferentes, que são corretos e adequados para um grupo de seres humanos.

Na filosofia hindu, encontramos o conceito de *dharma* utilizado não apenas para uma nação ou raça, mas também para o indivíduo. Como consequência da doutrina da reencarnação, o Hinduísmo conhece um sistema quatro castas: os sacerdotes ou professores, os guerreiros ou governantes, os comerciantes e artesãos e aqueles que fazem trabalhos braçais. Cada uma das castas representa um estágio de evolução e possui seu próprio conjunto de direitos e deveres, seu próprio *dharma*; o que é correto para uma casta é errado para a outra, mas nenhum esquema de vida pode ser encarado como correto ou errado por si mesmo. Da mesma forma, cada casta também segue a doutrina do *dharma*. A vida de um membro das castas superiores é dividida em quatro estágios ou *ashramas*: o discípulo, o chefe de família, o morador da floresta e o andarilho sem abrigo. Cada um desses estágios possui seu próprio conjunto de direitos e deveres, correspondentes à mentalidade do período de vida do qual são uma expressão. Assim, o que é

19 O Código de Manu (N.T.).

20 A milésima parte de um *Kalpa*. Uma das quatro idades do Mundo, cuja série continua em sucessão durante o ciclo *mavantárico*. Glossário Teosófico, Ed. Ground, 7ª edição. (Nota Ed. Bras.)

direito ou dever para o discípulo não é apropriado para o chefe de família ou o morador da floresta, e nenhum esquema de vida ou conjunto de regras é errado ou correto por si mesmo.

Portanto, existe um *dharma*, um ideal, um esquema adequado de coisas para a humanidade que expressa o espírito da época e é diferente para cada raça e cada povo. Mesmo dentro de cada nação existem, necessariamente, alguns que estão mais avançados que outros e alguns que estão para trás no nível geral de evolução; os primeiros estarão além do *dharma* de sua nação; os outros ainda não atingiram o nível de expressão do *dharma*. Contudo, existe uma vasta maioria em uma nação ou raça cujo nível de evolução é aproximadamente o mesmo, e para a qual as mesmas regras de vida são válidas. O *dharma* geral da nossa época é expresso em nossas concepções morais e éticas, que incorporam aquilo que hoje consideramos bom ou mau, certo ou errado. É inevitável que alguns de nossos costumes morais e convenções sociais estejam atrasados em relação ao espírito evolutivo do homem de quem são a expressão; consequentemente, eles são muitas vezes apenas um fardo para aqueles que estão à frente de seu tempo. Mesmo assim há a moralidade, uma concepção de certas coisas como boas e outras como más, que pertencem a essa era, assim como toda era no passado possuiu sua própria moralidade.

Não é difícil ver que para o homem primitivo, que estava apenas evoluindo de um estado de unidade inconsciente, a autoafirmação era tão correta e necessária quanto se torna errada e supérflua quando o homem regressa à Unidade, onde a lei de sua vida é renúncia, a entrega e o serviço. No presente estamos emergindo de um período de individualismo, e, em nossa vida social, a autoafirmação ainda é a regra; a renúncia é a exceção. No entanto, em nosso código ético nós reconhecemos o serviço ao próximo como correto e nobre, e o egoísmo como errado e indigno; a ética que admiramos e nos esforçamos para realizar está sempre um pouco à frente da prática geral, assim como, por outro lado, muitas convenções e costumes tornam-se formas rígidas que o espírito humano ultrapassou.

Podemos perceber rapidamente que deve haver uma moralidade tão além de nossos ideais na era atual quanto a nossa está além daquela do homem primitivo. Assim, a ética do Sermão da Montanha é a regra de vida para aqueles que estão se aproximando da estatura de Cristo-homem; ela ainda está à frente do espírito da época e dificilmente poderia ser introduzida como um código social. Cristo a ensinou para seus discípulos, e aqueles que desejam seguir seus passos tentam praticar esses ensinamentos. Mas se todos tivessem o dever de oferecer o seu casaco quando lhes fosse tirada a camisa, os maus floresceriam excessivamente e escravizariam os bons, as nações menos morais espezinhariam as mais nobres e a ignorância e a avareza se instalariam no lugar dos governantes dos homens. A moralidade do homem comum ou das nações de hoje ainda não é a moralidade do discípulo de Cristo — essa moralidade pouco lhes serviria, assim com a moralidade que eles já ultrapassaram.

No entanto, sentimos instintivamente admiração e respeito pela moralidade para a qual podemos ainda não estar prontos, e desdenhamos da moralidade que ultrapassamos; mesmo que ainda não possamos tentar viver de acordo com a ética do Sermão da Montanha, reconhecemos seu alto nível e gostaríamos de encará-la como a moralidade última e absoluta, correta em si mesma. A razão para isso pode ser a de que a moralidade do Sermão da Montanha será a nossa moralidade quando estivermos próximos de completar o nosso ciclo evolucionário. No mundo do Real, mesmo agora, somos aquilo que, na evolução, nos tornaremos gradualmente, e algumas vezes temos um vislumbre do que seremos algum dia, o que nos faz ver como a mais alta moralidade aquilo que expressa a nobreza que um dia alcançaremos. Nós, entretanto, vivemos em um esquecimento da nossa verdadeira nobreza, e nos permitimos ser escravizados e dominados pelos corpos que não passam de nossos instrumentos ou servos. Assim, a moralidade demasiadamente avançada para nós pode, enquanto estivermos assim escravizados, ainda despertar em nós uma resposta de admiração e respeito. No entanto, mesmo a moralidade mais elevada que possamos reconhecer deve ser, necessariamente, relativa, como expressão de um certo nível de evolução; para além dela podem existir concepções de certo e errado, bom e mau, cuja própria natureza não somos capaz de compreender no presente, mesmo que nos fossem explicadas. Portanto, sem exceção, *bom e mau são termos que designam a nossa relação com certas coisas, eventos ou seres, em nosso nível de evolução atual.*

Nosso Código de Ética Social

Cometeríamos um grave erro se pensássemos que o fato de que nada é bom ou mau por si só, e de que não existe bem ou mal absolutos, torna o esforço ético impossível ou supérfluo nas nossas vidas. Certamente nada é bom ou mau por si mesmo; bem e mal não possuem realidade como entidades ou poderes, mas mesmo assim eles são muito reais como relações conosco, e o fato mais importante permanece sendo o de que, em nossas vidas, algumas coisas se apresentam numa relação que chamamos de boa e outras numa relação que chamamos de má. Algumas coisas são corretas para nós, são uma expressão adequada do que somos no momento presente, e outras são erradas e inadequadas. Aquilo que é adequado nós chamamos de bom, e aquilo que é inadequado chamamos de mau; no uso das palavras "bom" e "mau", vamos um pouco mais longe e costumamos chamar de mau o esquema de vida que ultrapassamos, e de bom tanto o esquema de vida no qual estamos quanto aquele que ainda não alcançamos. Mesmo assim, eles permanecem sendo termos que indicam uma relação de coisas para conosco.

O que torna nossas concepções de bem e mal ainda mais difíceis de analisar é que muitas das coisas que chamamos de más ou perversas, ou que, por outro lado, sentimos como corretas e aceitáveis, assim nos parecem por causa das convenções e costumes sociais com os quais fomos criados. Assim, chamamos de mau e perverso torturar um animal, e no entanto o aprovamos quando é chamado de desporto; não hesitamos em matar e mutilar milhões de animais por diversão e vaidade, enquanto sentimos uma justa indignação ao ver um homem bater no seu cão. Entretanto, as mesmas coisas que aprovamos como crueldade legalizada seriam (e são) encaradas com o mais extremo horror em países budistas, onde o sofrimento causado a qualquer criatura é considerado sempre errado e nunca é legalizado sob o nome de desporto, nem aprovado pelas exigências da moda.

Por outro lado, existem coisas que nos parecem imorais, sobre as quais pensamos com horror, que, todavia, foram ou são costumes de outras civilizações. Nós olhamos para o conceito grego de vida como nobre e superior; porém, na Grécia antiga certos costumes sociais eram comuns e aceitos — costumes que, nos dias atuais, condenaríamos como criminosos. Estamos habituados com o casamento de um homem com uma mulher e encaramos com horror a poligamia, embora o aumento do número de divórcios torne mais tênue a linha divisória entre o casamento moderno e a poligamia ou poliandria. Ainda assim, em teoria, nós as condenamos. No entanto, essas formas de casamento são consideradas morais em várias culturas, e é possível que, se estivéssemos habituados a elas desde a infância, não nos parecessem de modo algum imorais. De fato, se hoje uma nova guerra mundial eclodisse e fossem utilizados meios de destruição ainda mais terríveis que aqueles que conhecemos na guerra anterior, o número de homens mortos poderia ser tão imenso que a poligamia se tornaria uma necessidade para salvar a raça; assim, sem dúvida logo nos acostumaríamos com aquilo que hoje, com horror, consideramos imoral. No final das contas, não precisamos necessariamente considerar o Rei Salomão um homem imoral pelo fato de ter tido várias centenas de mulheres; foi mais seu infortúnio que sua culpa, e, na perspectiva social de sua época (que admiramos suficientemente para fazer parte de nossas escrituras Sagradas), sua família excessivamente numerosa não era de forma alguma vista como um sinal de maldade ou imoralidade. O costume também é relativo, mas, por ser um costume, esquecemos sua relatividade e encaramos as coisas como absolutamente certas ou erradas em si mesmas, quando, em muitos casos, elas apenas nos parecem assim devido ao hábito.

Que ninguém se engane ao pensar que, sabendo que bem e mal são relativos, isso implicaria um relaxamento do esforço ético e uma indiferença em relação ao progresso social. O perigo de qualquer tentativa de afirmar a realidade das coisas, que necessariamente está acima do intelecto, é que, uma vez exposta, ela nunca poderá ser completa ou correta; aqueles que não conseguem transcender o intelecto tentarão digerir intelectualmente aquilo que pertence ao mundo do Real e, ao fazê-lo, inevitavelmente se enganarão ou até distorcerão aquilo que não podem compreender. Pode parecer uma conclusão lógica dizer "se nada é bom ou mau em si mesmo, se todo bem e todo mal são apenas relativos, não há mais um padrão de ética e comportamento, e o que quer que eu faça, por mais perverso ou mau que pareça a uma outra pessoa, pode muito bem ser correto e bom para mim. Quem pode impor sobre mim um código absoluto de ética social e moralidade individual quando eu sei que toda moralidade é relativa, que bom ou mau apenas indicam relações? E, se não existe um bem último e absoluto, que incentivo resta para aqueles que tentam, com sacrifício supremo, melhorar as condições sociais? Por que implantar reformas, se mesmo o bem maior que podemos ver não passa de algo relativo?"

É nessas distorções que vemos a grande inabilidade do intelecto e do raciocínio lógico para apreciar a realidade. Certamente bem e mal são apenas termos que indicam uma relação, não são realidades absolutas por si mesmos, mas isso não torna nem por um momento a exigência ética para com o indivíduo menos rigorosa, ou a necessidade de reforma social menos urgente. Embora nunca possamos falar de qualquer comportamento como sendo absolutamente bom em si mesmo, isso não significa que não se possa dizer que algo é bom, moral ou ético para uma comunidade. Pelo contrário; se a relatividade do bem e do mal é compreendida, segue-se, inevitavelmente, que deve haver um código de ética e de comportamento que, para uma comunidade em particular em uma determinada época, é correto, e qualquer transgressão dele é má e errada. De modo semelhante, a relatividade do bem e do mal não significa para o homem sábio que as condições sociais devam permanecer estagnadas; a evolução social permanece uma realidade e o trabalho do reformador social será sempre a expressão dos princípios do próximo estágio da evolução.

Assim, o próprio pensamento sobre a relatividade confere poder e autoridade para o código de ética de qualquer comunidade, uma vez que demonstra por que, para aquela comunidade, esse código de ética é correto. Necessariamente tem de haver exceções em cada comunidade; sempre existem aqueles que estão além da moralidade social de sua época e aqueles que ainda não alcançaram esse nível. Os primeiros sofrerão, uma vez que seu próprio código de ética os tornará vítimas de seus semelhantes menos evoluídos. O próprio Cristo não foi condenado à morte por aqueles para os quais Seus princípios não passavam de blasfêmia? Por outro lado, aqueles que ainda estão atrasados em relação à moral do seu tempo acharão difícil segui-lo, se não impossível, e, em suas transgressões, ficarão expostos às medidas coercitivas e corretivas que todas as comunidades instituem contra aqueles que quebram suas leis.

Ainda assim, as leis penais de um país nunca são a corporificação perfeita do código de ética que seria correto e adequado para aquele país; muito frequentemente, algumas coisas que são severamente punidas dificilmente parecem merecer tal punição, e muito é deixado impune onde uma correção seria necessária. É duvidosa a ideia de que alguma comunidade tenha o direito de punir aqueles que ofendem seu código de ética. Evidentemente, uma comunidade tem não apenas o direito, mas o dever de proteger os que alcançaram o nível geral de evolução contra aqueles atrasados; deve-se corrigir os que chamamos de criminosos, colocando-os em um ambiente onde possam ser auxiliados a crescer até um nível de moralidade superior. Mas tais medidas, por mais severas que sejam, são coercitivas e corretivas; não podem ser chamadas de punição. A ideia de que uma comunidade permita a retaliação sobre o indivíduo que errou, exigindo “olho por olho”, pode se enquadrar na ética mais sanguinária do Antigo

Testamento e não parece adequada para uma civilização que clama sua crença Naquele que certamente jamais pensou em punição ou retaliação.

Uma vez que o código de certo e errado para um grupo não é apenas a expressão do nível atingido na evolução, mas tem ainda como objetivo o próximo estágio para o qual esse grupo está evoluindo, a moralidade sempre será de natureza progressiva, expressando o espírito da época e também o espírito do futuro imediato. Assim, a intensidade dos nossos esforços para fazer o que é correto e da nossa oposição a tudo que é errado ou mau é fortalecida, e jamais enfraquecida, quando vemos a verdade da relatividade do bem e do mal, quando o fantasma do Mal é posto de lado.

Capítulo 8
A Liberdade da Vontade

Não busques que os acontecimentos aconteçam como queres, mas queira que aconteçam como acontecem, e tua vida terá um curso sereno.

....

(Epicteto, Eucheiridion*)*

Liberdade e Necessidade

É duvidoso se, seja na filosofia ou na teologia, haja um assunto que tenha suscitado mais controvérsia e produzido mais teorias contraditórias que a liberdade da vontade humana. Quando uma crise moral se apresenta em nossas vidas, quando somos confrontados com uma escolha entre o bem e o mal, somos livres para escolher um ou outro? Se somos livres em nossa escolha, o que dizer então da causalidade, da presciência de Deus sobre as coisas que estão por vir, da predestinação e do determinismo, dos muitos exemplos indubitáveis de profecias e premonições precisas? Por outro lado, se não somos livres para escolher, o que dizer do esforço moral, do empenho para levar uma vida nobre, da culpa e do pecado, da vergonha e do arrependimento, da recompensa ou da punição? Parece inevitável que a vontade seja ou não livre; contudo, se aceitarmos qualquer uma das duas alternativas, nos encontraremos mergulhados em contradições e dificuldades, e veremos que nossas teorias são incompatíveis com os fatos da nossa experiência diária.

Nossa natureza se revolta contra a escravidão férrea de uma necessidade mecânica, um determinismo no qual não passamos de marionetes movidas por cabos. Se aceitarmos esse determinismo, não parece haver razão para tentar viver de maneira nobre, uma vez que tudo é determinado e não podemos escapar da necessidade sombria de um destino irresistível — é melhor abandonar todo esforço e empenho, toda aspiração e entusiasmo, e descer ao nível da existência puramente animal.

Existe, no interior de cada um de nós, uma convicção, uma certeza de liberdade, uma rebelião contra a ideia de uma necessidade que nos compele e da qual não podemos escapar. É verdade que é perigoso ser levado por nossas convicções instintivas, por mais convincentes e enraizadas que sejam; muito frequentemente, um instinto fundamental está enraizado apenas na ilusão. No entanto, seria tolice ignorar uma convicção tão profunda quanto a da liberdade; mesmo que sejamos logicamente convencidos de sua impossibilidade, ela não será negada, e se fará sentir em nossas vidas de uma forma ou de outra.

Por mais que sejamos avessos à ideia de que toda a nossa vida, em todas as suas ações e eventos, é predeterminada, há ainda *eons* que parecem tornar tais conclusões inevitáveis. Nada acontece em nossa experiência sem uma causa; cada evento pode ser rastreado até às influências que o causaram, e, caso não consigamos rastreá-lo, isso se deve mais ao nosso conhecimento insuficiente das causas do que ao fato de não haver causas, ou do resultado ter surgido espontaneamente. Não há como negar que existe uma causalidade de pensamento, sentimento e vontade, assim como uma causalidade mecânica que governa os meros acontecimentos físicos, e não podemos escapar da conclusão de que, se em algum momento em particular pudéssemos capturar todo o Universo, nele estariam presentes as causas de tudo que pode acontecer no futuro, sejam essas causas de natureza física, emocional, mental ou espiritual. Então já não parece impossível que tudo seja preordenado, não talvez por um destino inexorável, mas sim por causas inerentes à Natureza e ao homem. À luz disso, podemos ver a possibilidade teórica de alguém que possa contatar as causas inerentes às coisas, e possa, consequentemente, conhecer o futuro e prevê-lo em detalhes.

A profecia sempre foi uma realidade na história humana; por mais abundantes que sejam as falsas profecias, um caso de profecia precisa supera mil casos de pseudoprofecias. Foi assim com um famoso vidente escocês cujas profecias ainda são lembradas.

Há alguns séculos, Coinneach Odhar Fiosaiche, mais conhecido como "o vidente de Brahan", nasceu na propriedade Seaforth, em Lewis. Logo ficou conhecido por seu dom da segunda visão, que, entre os anos de 1630 e 1680, levou-o a profetizar muitos eventos futuros, alguns dos quais indubitavelmente ocorreram. A característica marcante dessas profecias era que não apenas um único evento era profetizado, que, por acaso, poderia acontecer nos dias futuros, mas também um número de circunstâncias no entorno que dão a impressão de que o Vidente de Brahan não apenas via o evento principal, mas tinha também uma visão das circunstâncias daquela determinada época. Uma delas, conhecida como "a profecia de Seaforth" ou "A Ruína da Casa de Kintail", tem o seguinte teor na sua pitoresca redação:

> Vejo um Chefe, o último da sua Casa, surdo e mudo. Ele será o pai de quatro belos filhos, todos os quais ele seguirá até o

túmulo. Viverá aflito e morrerá de luto, "sabendo que as honras da sua Casa serão para sempre extintas e que nenhum futuro Chefe dos Mackenzies governará em Kintail. Depois de lamentar o último e mais promissor de seus filhos, ele mesmo baixará ao túmulo, e o que restar dos seus bens será por uma moça de cabelos brancos do Leste, e ela matará a irmã. Como um sinal pelo qual se saberá que estas coisas estão a acontecer, haverá quatro grandes latifundiários nos dias do último Seaforth (Gairloch, Chisholm, Grant e Raasay), um dos quais será dentuço, o segundo terá lábios de lebre, o terceiro será meio burro e o quarto será gago. Seaforth, quando olhar em volta e os vir, pode saber que os seus filhos estão condenados à morte, e que as suas vastas terras passarão para o estrangeiro, e que a sua linhagem chegará ao fim.

A profecia de Seaforth foi difundida nas Terras Altas por gerações, até que, mais de um século depois de ter sido proferida, tornou-se realidade, mesmo nos pormenores curiosos de acontecimentos e pessoas contemporâneas. Não foi esta a única profecia do Vidente que se cumpriu, e ele nunca se limitava a prever um acontecimento, mas dava as circunstâncias no entorno em pormenores minuciosos.

Ao ler essas e outras profecias similares, não podemos deixar de concordar com o que diz o professor Richet em *Thirty Years of Psychical Research* (*Trinta Anos de Pesquisa Psíquica*), ou seja, que "a premonição é um fato demonstrado". Richet continua como se segue:

Em certas circunstâncias ainda não definidas, certos indivíduos (na maioria, mas não exclusivamente, pessoas hipnotizáveis ou médiuns) podem anunciar acontecimentos futuros e dar pormenores precisos sobre esses acontecimentos que ainda não existem; detalhes tão exatos que nenhuma perspicácia, nenhuma coincidência e nenhum acaso podem explicar a predição.

Somos, pois, levados a inferir que a faculdade especial e misteriosa a que chamamos de criptestesia, cuja natureza e modos de ação são desconhecidos, não só se manifesta para os fatos passados e presentes, mas também para os futuros.

Afinal de contas, a cognição metapsíquica de fatos distantes existentes é tão maravilhosa que o conhecimento do futuro não é muito mais extraordinário. A sabe que B, a seiscentos quilômetros de distância, se afogou. Como é que A pode saber disso? Não fazemos a mínima ideia. A anuncia que B vai se afogar amanhã. É apenas um pouco mais maravilhoso. Em todo o domínio da lucidez metapsíquica, o mistério é tão profundo e a obscuridade tão impenetrável que um pouco mais ou um pouco menos de mistério não nos deve assustar.

Devemos então concluir que o tempo é apenas uma noção da nossa constituição mental defeituosa, que o futuro está irrevogavelmente destinado, que o livre-arbítrio é uma ilusão e que não há responsabilidade moral? Longas discussões poderiam surgir sobre esse texto. Não entrarei em argumentos que pertencem mais à metafísica do que à metapsíquica, nem me deixarei levar a vãs especulações. Eu ficarei no domínio dos fatos rigorosos. Há fatos incontestáveis e verificados. Existem fatos incontestáveis e verificados sobre premonição. A sua explicação pode ou não vir mais tarde; enquanto isso, os fatos ali estão – autenticados e inegáveis. "Existem premonições."

São elas devidas unicamente à inteligência humana ou a outras forças inteligentes que atuam sobre nossa mente? É impossível decidir. Temos de nos contentar com a observação exata dos fatos.

E seria indesculpável imprudência afirmar, como o fiz corajosamente, que existem premonições, se não tivessem sido apresentadas provas abundantes e formais. Essa prova abundante e formal foi, penso eu, dada.

Se, portanto, existem premonições, se é certo que existem e existiram pessoas que previram eventos futuros, dos quais não era possível ter nenhum conhecimento prévio, por telepatia ou outro meio, e se tais previsões, como no caso do Vidente de Brahan, foram feitas com riqueza de circunstâncias relacionadas, quase demonstrando uma visão de algum lugar em um tempo futuro, realmente parece inevitável a conclusão de que o futuro é determinado mesmo agora (de que outra forma poderia ser conhecido nesse momento?), e que a nossa alegada liberdade de escolha não passa de uma ilusão. E, no entanto, nós nos sentimos livres!

Análise da Liberdade de Escolha

Por mais contundentes que sejam as evidências de que eventos futuros são determinados mesmo agora e podem ser conhecidos por aqueles que possuem a faculdade supranormal a que chamamos de profecia, ainda assim, em cada uma das nossas ações, no próprio fato de hesitarmos e ponderarmos antes de decidir como agir, parecemos desmentir a predeterminação e afirmar nossa liberdade.

Quando seguro um copo d'água, eu me sinto perfeitamente livre para bebê-lo ou não, e riria da ideia de que minha escolha não seja uma decisão pessoal, mas uma necessidade predeterminada. No entanto, precisamos ser muito cuidadosos para não confundir o sentimento de que somos livre para fazer o que quisermos com a verdadeira liberdade de escolha. Trata-se de um simples experimento de hipnose sugerir a uma pessoa que no dia seguinte, em determinado horário, ele terá vontade de beber um copo d'água e que, ao despertar da hipnose, esquecerá tudo sobre essa sugestão. Quando a hora chega, a pessoa sente um desejo natural de beber, não diferente do que normalmente precede o ato de beber um copo d'água, e se lhe perguntarmos se ela escolheu por sua livre vontade, ele responderá que sim. Entretanto, nesse caso saberíamos com certeza que a ação não foi realizada por livre escolha, mas definitivamente determinada de fora. Assim, o sentimento de liberdade, que é um fato tão importante nas nossas reflexões sobre o livre-arbítrio, estaria presente exatamente da mesma maneira que quando o desejo de beber fosse natural. Isso prova que é difícil, se não impossível, distinguir entre desejo e compulsão, e que o argumento do sentimento de liberdade com o qual estamos tão familiarizados não é tão importante quanto parece. Nunca é demais salientar que, em todas as discussões e reflexões sobre a questão da liberdade da vontade, o fato de nos sentirmos livres para escolher em todos os campos não deveria carregar nenhum peso; por mais insistentemente que se faça sentir, precisamos nos precaver contra conclusões sentimentais.

Há uma enorme confusão a ser eliminada antes de podermos abordar o problema da liberdade de uma maneira proveitosa. Em primeiro lugar, nossa aversão à ideia de predestinação se deve principalmente ao fato de concebermos que isso implica um destino determinado *de fora*, que não apenas molda nossos fins, mas também determina nosso futuro em cada detalhe, fazendo com que sejamos apenas peões num jogo. Isso governaria todo o esforço, luta, empenho ou aspiração da nossa parte na vida que levamos, e acabaria para sempre com nossas ideias de responsabilidade pelas boas ou más ações praticadas. No entanto, quando analisamos de que maneira nossa escolha é determinada, vemos que não é tanto um destino impiedoso vindo de fora que decide, mas sim uma autodeterminação *interna*.

Vamos começar analisando uma escolha bastante simples, como, por exemplo, se devemos ou não sair para uma caminhada. Nós nos sentimos perfeitamente livres para decidir de uma forma ou de outra, desde que não tenhamos nenhum outro dever imediato a cumprir. Entretanto, alguma coisa deve determinar minha escolha; ela não se faz por si mesma, e, quando analisamos o que acontece antes de uma decisão ser tomada, vemos que um número de fatores externos e internos se combinam para que ela ocorra. O tempo pode estar bom ou ruim, posso estar lendo uma história que está me absorvendo e preferir ficar em casa que sair, ou meu estado de saúde pode decidir de uma forma ou de outra. Entretanto, durante todo o tempo eu me sinto perfeitamente livre para escolher o que quiser. À parte, porém, dos fatores externos que influenciam minha decisão, existem fatores internos: minhas inclinações naturais podem ser para a vida ao ar livre e não para a leitura e o estudo, ou a forma como passei os últimos dias pode me levar a buscar uma ocupação diferente agora; esses são fatores trabalhando internamente, minha própria disposição no momento. Nas minhas deliberações antes de tomar uma decisão, imagino inconscientemente como seria sair para a caminhada, qual seria a sensação, e, por outro lado, como seria ficar em casa; uma ou outra dessas duas possibilidades suscitará associações de prazer ou de desprazer que acabarão por determinar a escolha. Podemos dizer que no momento da decisão há uma *constelação* de fatores presentes, tanto circunstâncias externas quanto inclinações ou associações internas. Não há que se falar em um mero processo mecânico; não se trata apenas de uma determinação externa, pois influências internas e externas se combinam para gerar o resultado final — a minha escolha. Uma vez feita essa escolha, seria perfeitamente possível, para alguém que tivesse o conhecimento completo de todos os fatores em operação, reduzir a decisão tomada às influências que a provocaram. Não obstante, o meu sentimento de ser totalmente livre para escolher se vou sair para caminhar ou se vou ficar em casa e ler é determinado pela totalidade de fatores internos e externos naquele momento. E, com um conhecimento suficiente desses fatores, a decisão final poderia também ser conhecida.

Em decisões mais sérias ocorre um processo semelhante. Quando vejo alguém cair na água, vários fatores me ajudarão a decidir se devo pular atrás dessa pessoa ou não. Em primeiro lugar estão os fatores externos; no caso de uma criança, eu certamente tentaria salvá-la. Se, por outro lado, a vítima for um homem capaz de nadar, posso me sentir inclinado a observar os eventos e ver se ele pode ou não se salvar sozinho. Da mesma forma, posso tanto estar com uma roupa de banho, e assim sentir que seria apenas uma questão de pular na água, ou, por outro lado, posso estar com um traje de noite a caminho de um importante evento público. Esses e muitos outros são exemplos de fatores externos que, em rápida sucessão, se fazem sentir e dão origem a reações da minha imaginação. A eles somados está a minha constelação interna de fatores. Eu posso estar pronto a me sacrificar pelos outros ou, por outro lado, ter uma natureza calculista e egoísta; posso ter um horror inato à água ou um grande amor por ela; todos esses são fatores que ajudam a determinar minha escolha.

Numa fração de segundo minha escolha pode ser feita — mais rapidamente, na verdade, do que é possível reconstituir mais tarde as diferentes eventualidades evocadas em sucessão pela minha imaginação. Entretanto, no momento efetivo da escolha, todas estas se combinam com a constelação de fatores fisiológicos e psicoses lógicas que vão determinar minha escolha. Olhando a história do acontecimento em retrospectiva, poderíamos, se tivéssemos conhecimento suficiente, rastrear a escolha feita até as causas físicas, emocionais, mentais e espirituais das quais ela resultou. Mesmo que, no momento da escolha, uma inspiração repentina ou um entusiasmo heroico parecesse descer sobre mim, pondo de lado todas as considerações mundanas e me levando a agir como normalmente eu não seria capaz, ainda assim é sempre possível determinar o que tornou possível a chegada desse impulso elevado. Pode ser que toda a situação, as condições gerais, tenham criado, por assim dizer, uma abertura através da qual o mais elevado em mim pudesse se manifestar; é possível que muitos anos de reflexão e sentimentos ao longo de certas linhas culminem agora em uma ação para a qual todos eles contribuíram, mas, em cada caso, a manifestação do alto, a inspiração ou influxo espiritual pode ser rastreado até causas, condições determinantes, não necessariamente físicas, mas que não deixam de ser causas. Dessa forma, mesmo nas maiores crises de nossas vidas existe uma causalidade que determina o resultado, e ainda assim nossa experiência de fazer a escolha pode ser uma oscilação, uma hesitação e deliberação — e, finalmente, uma vitória triunfante sobre os obstáculos ou um fracasso e colapso desoladores. Esse é apenas, por assim dizer, o método pelo qual fator após fator se faz sentir, o modo como nos fazem vibrar emocionalmente ou suscitam uma reação da imaginação, até que, finalmente, o resultado seja produzido.

É, portanto, um erro considerar esta causalidade como um destino determinado externamente; os fatores mais importantes e decisivos que ajudam a determinar nossas escolhas vêm de dentro do nosso próprio caráter, a tendência habitual dos nossos pensamentos e sentimentos, nossa vida interior; esses são fatores determinantes nas escolhas que temos de fazer na vida. Nossa aversão natural ao conceito de determinismo, de um futuro preordenado, deve-se em grande parte à ideia equivocada de que todas as nossas ações, todos nossos esforços criativos são determinados por um destino cego, nos obrigando a algo a partir do exterior. Se falamos de compulsão, precisamos compreender que é principalmente uma compulsão vinda do interior, e que o determinismo, no qual o futuro está predestinado, é em grande parte um autodeterminismo. Ainda assim, nosso sentimento inato de que somos livres para escolher se afirmará repetidamente.

Livre-arbítrio e Licença

Um dos fatores mais confusos em qualquer discussão a respeito da livre-arbítrio é que a concepção popular dessa liberdade é o poder de "fazer do jeito que eu quero". Livre-arbítrio, para nós, significa liberdade de fazer uma coisa ou outra; somos livres para sair para uma caminhada ou ficar em casa. Contudo, existem características duvidosas nessa concepção de liberdade.

Atualmente são poucas (ou nenhuma) as pessoas que, devido às suas condições sociais e outras, têm permissão para fazer o que quiser. Se imaginarmos um tirano com uma vasta riqueza e saúde perfeita, cujas palavras fossem lei na comunidade que governava, sem que houvesse alguém para responsabilizá-lo e puni-lo por suas ações, ele poderia fazer o que quisesse – mas não poderia fazer uma escolha sem fatores determinantes, não mais do que seu escravo mais insignificante. Se, no impulso do momento, ele decidisse construir um palácio de mármore ou cortar a cabeça do seu primeiro-ministro, seria preciso haver fatores que suscitassem o seu desejo de fazê-lo. Poderiam ser instintos ou impulsos momentâneos, ideias repentinas ou o resultado de uma longa linha de pensamento, mas, em todos os casos, precisariam ser determinados por uma constelação de fatores físicos e psíquicos. Mesmo a escolha do tirano é determinada por influências externas e internas que só podem levar ao resultado ou à escolha que ele faz, e sua escolha não é mais livre que a de qualquer outro homem. Aquilo que é chamado de livre-arbítrio, neste caso, é apenas uma licença; nas próprias ações em que ele faz exatamente o que quer, o tirano licencioso não passa de um escravo de seus próprios desejos, seus gostos e aversões, e não podemos dizer que sua vontade é livre mais do que a de um prisioneiro em seu calabouço.

Se quisermos que nossas considerações sobre o problema do livre-arbítrio deem algum fruto, devemos repudiar completamente a concepção de uma vontade livre como o poder de "fazer exatamente o que quiser". Essa ideia de liberdade está tão enraizada na mente mediana que domina todos os pensamentos sobre o assunto; no entanto, o que aqui é chamado de liberdade é apenas a ausência de obstáculos exteriores ou físicos à realização do nosso desejo naquele momento. É verdade que nada pode impedir o tirano de executar a sua vontade, mas isso não torna sua vontade mais livre que a de qualquer outro ser humano; apenas facilita a satisfação de seus desejos. Quando decidimos ou escolhemos, a ausência de obstáculos físicos não nos torna mais livres do que a ausência de obstáculos materiais torna livre a trajetória de uma bala; está determinado em sua trajetória se ela vai ou não atingir algo. No entanto, nosso comportamento é determinado por fatores internos e externos, quer encontremos ou não obstáculos na execução da nossa decisão. A mente mediana é tão essencialmente antifilosófica na sua abordagem de todos os problemas que devemos realmente limpar um estábulo augiano[21] de confusões antes mesmo que uma abordagem da questão seja possível.

Portanto, primeiro devemos considerar o que queremos dizer com o termo livre-arbítrio. Quando chamamos a vontade de livre? Certamente, apenas é livre aquilo que não possui limitação, que não é determinado ou mesmo influenciado por nada mais; podemos dizer o mesmo da nossa vontade? A vontade, pelo menos na sua manifestação em nossa existência diária, é sempre determinada por fatores fisiológicos e psíqui-

[21] Referência ao 5º trabalho de Hércules. "Limpou em um dia os currais do rei Augias, que continham três mil bois e que há trinta anos não eram limpos. Estavam tão fedorentos que exalavam um gás mortal. Para isso, Hércules desviou dois rios." (N.T.)

cos. Então, como podemos chamá-la de livre? Se liberdade é a ausência de limitação e determinação externas, só pode ser livre aquilo além do qual nada mais existe; há alguma vontade humana da qual possamos dizer isso? Neste sentido da palavra liberdade (e filosoficamente não podemos entendê-la em qualquer outro sentido), apenas o Absoluto é livre; o relativo é sempre determinado por suas relações no mundo da relatividade. Não há liberdade no mundo do relativo — falar de livre-arbítrio e buscar uma liberdade de vontade nesse mundo é tão impossível quanto buscar a quadratura do círculo. A expressão livre-arbítrio é uma contradição de termos; nenhuma vontade pode ser livre no mundo da relatividade.

Somos, assim, novamente confrontados por um problema nascido da ilusão, um questionamento que em si mesmo é equivocado. O livre-arbítrio que buscamos como a capacidade de fazer exatamente o que queremos não passa de uma necessidade pouco velada, determinada internamente por fatores presentes em nossa consciência que não reconhecemos como influências determinantes, mas que vagamente associamos à nossa vida interior. No entanto, nossos desejos e paixões, nossos hábitos de pensamento e sentimento, nossos modos habituais de agir são influências determinantes em todas as nossas escolhas, e tornam o próprio termo “liberdade” inadequado. Quando afirmamos a liberdade da nossa vontade humana, afirmamos sobre essa vontade algo que jamais pode ser reivindicado no mundo do relativo.

Nosso questionamento está errado porque é resultado de duas ilusões: a de um tempo objetivo, absoluto, com um futuro que ainda não aconteceu e um passado que já não existe, e, em segundo lugar, nossa ilusão de ser um indivíduo separado, sem relação com o resto do Universo. O tempo, com essa estrutura de passado, presente e futuro, é produto da nossa externalização do mundo-imagem; nós objetivamos esse tempo e acreditamos que ele seja uma realidade externa. Nessa ilusão de um tempo absoluto e externo, o passado é para sempre fixado e o futuro ainda é uma incerteza, e é apenas nessa ilusão que o problema do livre-arbítrio pode florescer. A concepção de livre-arbítrio está sempre associada à concepção de ser capaz de escolher ou decidir de uma forma ou de outra, ou seja, pressupõe um futuro que ainda não está ali, mas que pode ser moldado por nossas decisões. Entretanto, uma vez que esse tempo objetivado é uma ilusão, não podemos esperar resolver um problema dela nascido; precisamos nos livrar das amarras do nosso mundo-imagem e entrar no mundo da Realidade, pois somente nele podemos conhecer as coisas como elas são.

O Problema no Mundo do Real

Novamente temos que abandonar o reino da ilusão, onde os nossos muitos problemas errados se originam, e entrar no mundo da Realidade, onde somente a verdade pode ser experimentada. É só quando nos retiramos das ilusões de nosso mundo-imagem e passamos através do nosso centro de consciência para o mundo da Realidade que percebemos o quão distorcido é o problema da liberdade de vontade, a contradição de termos que ele contém e como é impossível até mesmo tentar uma solução.

Quando escapamos da tirania do nosso tempo-ilusão, com seu futuro incerto, e vivenciamos a Realidade eterna, percebemos o quanto o problema da liberdade de vontade está atrelado ao nosso conceito usual de tempo. Nessa ilusão pode permanecer o pensamento de que, de alguma forma, podemos escolher de um modo ou de outro, e que, através do livre-arbítrio concedido por Deus, podemos determinar o futuro de acordo com nossas escolhas. Mas, quando entramos no mundo da Realidade, vivenciamos o tempo como um eterno Presente, e o próprio pensamento de um passado que findou e de um futuro que ainda não chegou é absurdo. Da mesma forma um andarilho pode pensar na estrada deixada para trás como fixa e certa, porque ele passou por ela, e na estrada diante dele como indeterminada e incerta, porque ele mesmo ainda não chegou lá.

A evolução, o crescimento e a mudança gradual que observamos em nossas vidas não passam da nossa percepção daquilo que somos eternamente no mundo da Realidade. Neste mundo, o ciclo de vida de qualquer criatura ou coisa é um ser completo, e procuramos em vão por uma diferença entre passado e futuro. Essa diferença existe apenas para nós e é causada pela nossa percepção; ela não existe como tal no mundo do Real. Assim, aquilo a que chamamos futuro está completa e verdadeiramente presente nesse mundo do Eterno Agora, assim como o passado, e não há mais incerteza sobre aquilo que ainda não vivenciamos na ilusão do nosso mundo-imagem, tanto quanto não há incerteza sobre aquilo que já vivenciamos. Nesse mundo de realidade eu sou, agora mesmo, tudo o que eu serei no futuro em meu mundo-imagem, e sou tudo isso não como um vago esboço ou um princípio, mas em todos os pormenores que serão.

Por vezes é proposto um ponto de vista que tenta encontrar um meio-termo feliz entre o determinismo e o livre-arbítrio, e que diz que evidentemente o futuro é determinado em linhas gerais, que é certo que grandes eventos definitivos devem ser realizados, mas que, dentro dessas linhas gerais, há espaço para a vontade humana se locomover; dentro desses limites, podemos escolher livremente como agir. Depende então da natureza incansável dos nossos esforços o quão breve os grandes eventos que estão por vir poderão ser realizados; podemos acelerar ou retardar a evolução, mas nunca fazer oposição a ela. É uma doutrina plausível, mas uma impossibilidade filosófica. Uma vez que tenhamos compreendido a natureza do tempo e vivenciado a Realidade como *eterna*, não podemos mais fazer concessões onde um pouco de eternidade é misturado com um pouco de tempo. Não podemos misturar ilusão com realidade; o mundo do Real não é como um contorno amplo e vago, dentro do qual um artista individual pode criar os seus próprios padrões — no mundo do Real nós somos tudo o que sempre devemos ser.

Nossa experiência no tempo não é senão a compreensão da eternidade, e a história de nossas vidas é criada por aquilo que somos no mundo do Eterno. Não podemos encarar eventos na nossa vida como adições que fazemos constantemente à Realidade. Poderíamos, da mesma forma, pensar que o espectador em uma sala de cinema está criando o próximo evento sobre a tela com a sua presença, pela sua percepção do filme exibido. O que somos no mundo da Realidade não é mais determinado por nossas ações e experiências diárias do que o filme é determinado pelo espectador. Porém, nesse caso nós somos o espectador, o filme e a tela, todos num só; quando a história da nossa vida se desenrola, vivenciamos o que nós mesmos somos no mundo do Real.

Faz parte da nossa ilusão pensar que nossas ações, conforme aparecem no mundo-imagem, produzem realidade. Tudo o que nos aparece como ação, criação, feito ou reflexão não é mais que a nossa percepção Daquilo que é. Nessa percepção, a Realidade eterna aparece como uma interminável cadeia de causa e efeito, onde um evento surge para produzir o próximo, enquanto no mundo do Real todos os eventos são parte de uma Realidade imutável. Assim, nossos esforços, fracassos ou vitórias, nossas hesitações e nossas escolhas são toda a nossa percepção daquilo que somos eternamente no mundo do Real.

Quando tivermos vencido a ilusão de um tempo objetivo, quando tivermos percebido o Eterno e soubermos, sem sombra de dúvida, que Ele é a Realidade única, o único Mundo que existe, a questão da liberdade da vontade humana se tornará impossível, pelo menos na forma na qual é normalmente apresentada. O futuro é agora, tanto quanto o passado, e nada pode mudar esse futuro, assim como nada pode mudar o passado. O passado e o futuro são apenas nomes que damos para a nossa vivência da Realidade imutável, e, a não ser que um fato central se torne para nós mais que uma teoria intelectual, a não ser que se torne uma realização, não podemos nunca esperar transcender o problema do livre-arbítrio. Precisamos vencer a ilusão antes de poder conhecer a Realidade.

No mundo do Real, não apenas transcendemos a ilusão de um tempo objetivo, como também transcendemos a ilusão de sermos um eu separado em um mundo do não eu. É verdade que alguns são tão apegados à dualidade do eu e não eu que podem até transferir essa dualidade para o mundo da Realidade. Porém, um avarento poderia levar consigo o seu tesouro de ouro através dos portões da morte mais facilmente do que nós poderíamos levar conosco nossa tão amada ilusão através do portal da Realidade. Não existe eu e não eu no mundo do Real, existe apenas Aquilo que nós mesmos nos tornamos na Experiência suprema. Quando, à luz dessa experiência, consideramos a questão do livre-arbítrio, podemos ver o quão distorcida ela é, o quão impossível, do ponto de vista de uma Unidade abarcante.

Quando questionamos o livre-arbítrio, falamos da vontade de um ser humano supostamente separado; queremos saber se a nossa vontade é livre. Mas *nossa* vontade é um fato relativo. Nós nos imaginamos carinhosamente como criaturas separadas, nitidamente distintas do mundo que não somos nós, apartadas de nossos semelhantes, que são criaturas diferentes. No mundo da Realidade, entretanto, essa ilusão já não existe. Nós somos todas as coisas, e uma vontade separada se torna uma concepção impossível. Podemos agora ver como, em nosso questionamento original, um número de ilusões convergiram: pedimos liberdade para a vontade individual onde não existe um ser separado; pedimos liberdade no mundo do relativo, onde o próprio fato da relatividade inviabiliza a liberdade; pedimos a capacidade de escolher entre um caminho ou outro, quando o futuro é tão eternamente real quanto o passado; pedimos impossibilidades que um intelecto engenhoso pode provar serem possíveis, mas que permanecem frutos da ilusão.

Interpretações Equivocadas do Intelecto

Uma vez que o intelecto é a mente funcionando dentro das ilusões do mundo-imagem, seus questionamentos e problemas são sempre nascidos da ilusão e errados em si mesmos, e a realidade das coisas será sempre ininteligível para ele. Quanto tentamos descrever a realidade das coisas, o intelecto ou se afastará em desagrado, acusando-nos de fugir da questão, ou interpretará a seu modo a realidade da qual falamos, e inevitavelmente cairá em equívocos. É a maldição do intelecto sempre pensar em dualidade; ele não pode compreender a unidade e a síntese. Quando dizemos que nossa evolução aparente não passa da realização daquilo que somos na Realidade eterna, o intelecto interpreta isso como se não passássemos de espectadores passivos ou instrumento em um processo que não podemos influenciar, mas que nos determina e ao nosso futuro. O determinismo, para o intelecto, é sempre uma determinação do nosso futuro *por alguma outra coisa*, enquanto o que realmente ocorre é a autorrealização — nós realizamos aquilo que somos, e somos determinados pelo nosso próprio ser eterno.

Quando dizemos que não podemos escolher um caminho ou outro porque o futuro é uma realidade presente mesmo agora, tão definitivamente real quanto aquilo a que chamamos de passado, a interpretação dessa verdade pelo intelecto se torna a doutrina de um destino irresistível, que, com uma determinação sombria e implacável, nos força nos moldes de um futuro do qual não podemos escapar. O intelecto sempre objetiva e externaliza aquilo que é interno, e, quando tenta interpretar a realidade, sempre comete o imperdoável pecado de tentar fazer com que a realidade das coisas se encaixe nas ilusões e distorções do mundo-imagem ao qual está preso. Então, em seu lamentável orgulho, imagina ter provado que a realidade está errada ou é autocontraditória, quando apenas comprovou a sua própria inadequação para abordar a realidade ou interpretá-la.

Esta é a razão pela qual os fatos da realidade são perigosos para o intelecto; em suas concepções errôneas e sua inabilidade para ver mais do que um aspecto da verdade, ele é propenso a se desviar, pelo pouco que compreende e pelo modo como sofre pelos seus erros. Assim, o intelecto dirá: "Se tudo que está por vir está determinado desde já, por que o homem deveria se esforçar? Por que não se senta e não faz nada?" Por que não, de fato, se ele puder? Deixem-no tentar; em breve, a fome e a sede, o desejo e a ânsia o levarão à ação. Mesmo a ação do faquir indiano, que se senta e recusa-se a se mover novamente, vivendo algo semelhante à morte, não passa de uma realização no tempo, no mundo do relativo, de uma fase de seu ser eterno no mundo da Realidade. Nossa ilusão de ter enganado o destino ao não fazer nada é, em si mesma, determinada por fatores em nosso caráter ou circunstâncias que não poderiam produzir um resultado diferente, e nossa vida de ociosidade, se assim escolhermos, seria em si mesma uma necessidade, uma experiência da realidade sempre presente no mundo do verdadeiro Ser. Não podemos enganar o destino porque aquilo que chamamos de destino é nossa própria realidade eterna; o que quer que façamos, o que quer que digamos ou pensemos é, por nossa ação ou reflexão, parte da nossa realidade eterna; nossa ação ou fala nada mais é que a realização daquilo que somos.

Novamente o intelecto indaga: “O que dizer do esforço e do empenho? O que dizer dos nossos esforços para viver uma vida espiritual, nossos sucessos e fracassos? Por que se esforçar, se nossas conquistas não passam de ilusão?” Estaríamos verdadeiramente errados se disséssemos que são ilusões e, igualmente errados se disséssemos que não são. A parte ilusória é que, embora a questão pareça incerta, pensamos que pode ser de um jeito *ou* de outro; a realidade daquilo que experimentamos como esforço e empenho em nosso mundo-imagem é, na verdade, parte do nosso ser verdadeiro no mundo do Eterno, uma parte que, em nosso mundo-imagem, interpretamos como luta, empenho ou esforço. O esforço supremo, no qual empregamos todas as fibras do nosso ser para alcançar determinado fim, é a nossa interpretação de uma fase do nosso ser verdadeiro, uma parte tão importante e essencial do nosso ciclo de vida eterno como qualquer outra parte, mas nos enganamos quando pensamos que o resultado é incerto.

Enquanto vivermos nas ilusões do nosso mundo-imagem, estaremos por elas limitados e não teremos conhecimento da realidade relativa do tempo. Embora eu possa saber que, no mundo do Real, todo tempo, passado e futuro, é uma realidade sempre presente, tenho que me submeter ao tempo do meu mundo-imagem quando preciso chegar a tempo de pegar o trem, quando estou lidando com a interpretação das coisas do meu mundo-imagem como elas são; preciso reconhecer o tempo em suas ilusões, mesmo quando conheço a realidade. O filósofo sábio não é aquele que, tendo visto a Realidade, tenta forçá-la sobre o seu mundo-imagem, mas sim aquele que, tendo vivenciado a Realidade e conhecendo-a dentro de si, é capaz de reconhecer as limitações e ilusões da consciência do seu mundo-imagem e agir de acordo com elas.

Nosso esforço para alcançar algum fim nobre não é de todo uma ilusão; é uma interpretação da realidade, parte de nossa autorrealização. Concluir que, porque todas as coisas passadas e futuras são uma realidade sempre presente, todo esforço é desnecessário e pode muito bem ser abandonado, seria tão tolo quanto seria se abster de escolher qualquer alimento por saber que nossa liberdade de escolha aparente não passa de ilusão; o resultado seria a fome. Aquele que pensasse em viver de acordo com o mundo do Real na ilusão de nosso mundo-imagem só poderia terminar seus dias em um manicômio, pois estaria tentando aquilo que não pode e não deve ser tentado. A interpretação da realidade que vemos em nosso mundo-imagem não é a mesma realidade em si; as características da realidade surgem de uma forma estranha e distorcida no mundo-imagem, e não devemos cometer o erro filosófico de pensar que podemos transferir para ele, fisicamente, as condições do mundo do Real. Se pudéssemos fazê-lo, já não seria mais nosso mundo-imagem, mas o mundo do Real. O Absoluto jamais pode ser contido no relativo, mas aquele que alcançou o Absoluto vivendo no mundo do relativo verá que a sua experiência é como uma luz brilhante que ilumina o caminho e traz paz no meio do caos e do tumulto. Contudo, ele não pode nunca tentar transferir fisicamente a Realidade última para o mundo do relativo.

Essa é a resposta para aqueles que interpretam equivocadamente o fato de que no mundo do Real o futuro já está presente, e ali encontram uma razão para deixar de se esforçar. Não é assim que a Visão da Montanha ilumina a nossa vida no vale; sua lição não é a de que agora podemos deixar de nos esforçar, uma vez que "tudo está resolvido", mas a de que em todo esforço, em todas as nossas lutas, sentimos a Paz do Eterno. Sucesso e fracasso, infortúnio ou sorte não são mais assuntos a serem lamentados ou festejados, pois todos eles são reconhecidos como o nosso Ser eterno; por mais intenso que tenha sido o nosso esforço, uma vez que o resultado é definitivo para nós na nossa ilusão de tempo, reconhecemos e sabemos que nada mais poderia ter sido, e ficamos em paz. Assim, a nossa visão da realidade confere à nossa vida uma serenidade, uma ausência de ansiedade e de preocupação que é como o resplendor do Eterno brilhando na incerteza do tempo.

A Realidade da Liberdade

A questão permanece: e a liberdade? A convicção de que, de alguma maneira, a liberdade é a consumação da vida, a identificação do nosso mais elevado estado espiritual com a liberdade é tão persistente que, mesmo que possamos reconhecer que a liberdade pela qual o homem comum clama não passa de uma mal disfarçada licença, ainda sentimos que deve haver uma verdadeira liberdade em algum lugar, e que, de alguma forma, ela deve ser a expressão do mais elevado que podemos alcançar.

De fato a liberdade existe. Quando entramos no mundo do Real, nós a experimentamos — não a ilusão de fazer como eu quiser, trilhar meu próprio caminho, escolher sem compulsão, mas uma verdadeira Liberdade, na qual somos livres porque não há nada fora de nós para nos limitar. Enquanto, na ilusão do nosso mundo-imagem, nós nos imaginávamos como indivíduos separados, com nossa própria vontade, cercados por um mundo cheio de oposição e outras criaturas com suas próprias vontades, nossa exigência de liberdade era tão impossível quanto exigir que um nadador não se deixasse molhar. Em nossa própria afirmação de individualidade, em nossa separatividade, não somos livres, uma vez que estamos limitados por tudo o que não somos, influenciados, confrontados e forçados pelo ambiente no qual vivemos e pelo caráter com o qual nos identificamos. A nossa própria existência física nos faz prisioneiros; estamos presos em um lugar e só podemos nos mover pela face da Terra com a ajuda de complicados meios técnicos. Quando um homem diz "eu sou livre", sua própria afirmativa é uma contradição, pois o "eu" nunca pode ser livre; a Liberdade só é alcançada quando o eu deixa de existir. Ela surge no mundo da Realidade, quando, de fato, não somos mais uma criatura separada, um indivíduo separado de um mundo ao seu redor, mas como somos Aquilo que é todas as coisas, passadas e presentes. Naquilo somos livres.

Agora, nada pode nos limitar ou forçar. Somos a estrada que trilhamos, assim como o homem que encontramos e o riacho que temos de atravessar. Quando o sofrimento ou o infortúnio nos atinge, ainda somos livres, uma vez que somos aquilo que nos magoa, assim como aquele que tomou o que era nosso. Aqui, portanto, há liberdade, quando a Natureza, através de suas leis, já não nos limita ou obriga a nada, quando somos a Natureza e suas leis são a nossa vontade, quando o homem deixa de se opor ou de restringir a nossa vontade, uma vez que somos todos os homens. O fantasma da liberdade, pelo qual clamamos tão ruidosamente quando presos na ilusão, agora parece uma coisa insignificante e banal, impossível e cheia de contradições. Na alegria de nossa verdadeira Liberdade, já não precisamos mais dela, uma vez que somos Aquilo que a contém e infinitamente mais. Quem desejaria uma coisa quando se é todas as coisas, e que maior liberdade pode haver que aquela que alcançamos quando somos a Realidade última, para além e fora da qual nada existe? Então, liberdade e necessidade são vistas como uma única coisa; a necessidade é a maneira pela qual a liberdade aparece para o homem preso na ilusão.

Conhecendo essa Liberdade, somos invencíveis. A Natureza, na força dos seus elementos, pode se opor a nós; o homem, em sua violência, pode nos aprisionar e humilhar; tudo o que temos pode ser tomado de nós, mas ainda seremos ricos para além da imaginação, pois somos todas as coisas e vivemos a suprema liberdade, somos tanto a prisão quanto o prisioneiro. Nossa vontade é livre quando já não deseja mais fazer isso ou aquilo, quando sabe que o que acontece é sua própria expressão. Essa é a Liberdade da Vontade.

Visões Parciais

Se nos perguntarem se essa concepção da necessidade e do livre-arbítrio que obtemos no mundo da Realidade está de acordo com a doutrina do determinismo ou com a doutrina que sustenta o livre-arbítrio, acharemos difícil dar uma resposta, pois, sob esses termos, coisas muito diferentes podem ser entendidas.

Há um determinismo que é materialista, no qual o homem vivo é ignorado, no qual o esforço criativo é excluído e tudo é colocado como parte de uma cadeia mecânica de causa e efeito. Aqui, o homem é concebido como sendo determinado, assim como as reações no laboratório do cientista são determinadas e podem ser calculadas. Num tal determinismo não há realmente lugar para o esforço criativo, para a visão ou inspiração; o homem é reduzido a um acontecimento meramente físico. Mas ele é mais que isso: o homem é um ser emocional, mental e espiritual, tanto quanto físico; os fatores que determinam suas escolhas na vida são fatores de emoção, mente e espírito, assim como influências físicas. Na teoria do determinismo materialista, o homem real, interno e criativo é ignorado; aqui o determinismo nada mais é que um cruel destino a compelir o homem externamente.

Alguns defensores do livre-arbítrio, por outro lado, apresentam-no como parte de uma cadeia física de causa e efeito; ali acontecem irrupções internas através das quais o homem, na sua liberdade, se manifesta criativamente. Essas irrupções psíquicas, como as ações de um *deus ex machina*, não são casualmente determinadas, mas vistas como espontâneas e inexplicáveis; nossa liberdade é considerada uma atividade inteiramente indeterminada por qualquer coisa interna ou externa. Há, entretanto, uma causalidade de eventos psíquicos, assim como uma causalidade de eventos físicos – a inspiração do poeta, o sonho do reformador social ou a visão do santo, por mais distantes que estejam dos acontecimentos meramente físicos, ainda assim estão causalmente ligados a eventos anteriores, e até mesmo suas irrupções para o campo físico são possíveis apenas através de certas condições que fornecem a abertura necessária. Com relação a esse mundo físico, são certamente criativas, moldam e determinam; em sua atividade criativa, entretanto, estão causalmente conectadas a outros eventos e psiquicamente ou espiritualmente determinadas.

Sustentamos, pois, junto com o determinista, que o futuro é determinado; mas discordamos dele na medida em que encaramos esse determinismo não como algo vindo de fora, de natureza material, mas como a realização, na ilusão do tempo, da Realidade sempre presente. O determinismo na vida do homem se torna, assim, uma autorrealização; seu futuro é predestinado por aquilo que ele mesmo é no mundo do Real.

Defendemos, com aqueles que defendem o livre-arbítrio, que a grandeza do homem é seu poder criativo, que, a partir do mundo interior, pode moldar (e molda) o mundo físico. No entanto, não consideramos que essa atividade criativa seja inexplicável ou sem causa; sustentamos que ela é determinada internamente por fatos espirituais, mentais e emocionais.

Finalmente e, acima de tudo, encaramos o Livre-Arbítrio não como o poder de fazer isso ou aquilo como quisermos, mas como a glória suprema daquela realização na qual nós nos conhecemos como tudo o que é. Nessa unidade somos livres; nessa Liberdade, a própria necessidade é apenas a expressão do nosso próprio ser.

Capítulo 9
A Justiça da Vida

O fato de sermos assim, de limiar em limiar, em todo o reino, é uma alegria para todo o reino como para o rei, que atrai as nossas vontades para o que ele quer.

....

(Dante, Paraíso)

O Problema da Injustiça

Todos os homens esperam justiça da vida, mas poucos são os que a encontram. A recompensa do virtuoso e a punição do perverso pode acontecer em uma novela, e talvez isso explique sua popularidade, mas os fatos concretos da vida diária parecem demonstrar o oposto — os mansos e gentis perecem, os impiedosos florescem. Seria de se admirar que muitos homens, inconscientes de suas más ações e, no entanto, privados do trabalho de anos e de tudo o que lhes é caro, gritem em agonia que não há justiça nesta vida e que, se existe um Deus, Deus não é justo?

Não passa de um parco consolo, inspirado mais pelos nossos desejos do que pela observação científica, que as recompensas e os castigos, tão obviamente ausentes na vida aqui embaixo, se materializem num além onde os justos tocam harpas em bem-aventurança e os maus alimentam o fogo do inferno. É apenas uma segunda linha de defesa na qual o desejo de justiça se entrincheira, e onde, vendo-se derrotado pelos fatos da vida diária, luta pela realização de suas esperanças num além cujas condições poucos podem confirmar ou negar.

Não há dúvida de que a vida parece distribuir com sublime indiferença alegria ou sofrimento, felicidade ou infortúnio, tanto para os bons quanto para os maus; com imparcialidade, os dardos e flechas de uma sorte escandalosa parecem estar espalhados por este mundo, com uma total despreocupação pelo infeliz indivíduo que se mete no seu caminho. Não conhecemos muitos exemplos de bravos e pacientes trabalhadores que parecem nunca receber a recompensa por seu trabalho, e dos quais até mesmo o pouco que possuem é tomado? E quão frequentemente o sucesso e o poder não são o resultado de uma crueldade que, sem se importar com a ruína dos outros, abre caminho na vida e atinge seu fim, embora traga sofrimento a milhões?

Os grandes são, com demasiada frequência, os impiedosos; onde um homem dotado de imaginação e compaixão se absteria de uma ação que pudesse trazer lucro e poder a ele, mas miséria para os outros, aquele que não possui essa qualidade compassiva não se deixará dissuadir pelo sofrimento de seus semelhantes, se assim conseguir alcançar seus objetivos. E quando esses objetivos são atingidos, a humanidade, na sua adoração pelo poder e pelo sucesso, se mostra bastante disposta a esquecer o modo como foram alcançados ou mantidos; vê apenas a altura deslumbrante na qual o homem bem-sucedido se entronizou. Os mansos podem herdar o reino dos céus, mas certamente não herdarão a Terra; quanto mais um seguidor de Cristo se esforça para seguir os passos de seu Mestre, mais se encontra desprovido de poder e posses, desprezado pelo homem como um fracassado e espezinhado pelos grandes e vitoriosos.

Teremos então de nos render à justiça da vida e de a colocar, juntamente com muitos mitos ou fantasias, no depósito das antigas superstições, ou será possível que a filosofia nos dê outra esperança para algo que é tão caro à maioria de nós?

Seria bom se, de tempos em tempos, quando contemplássemos o problema da justiça da vida, nos perguntássemos que coisas pelas quais consideramos valer a pena lutar para obter, o que consideramos a mais alta recompensa na vida e qual o maior mal que pode atingir um homem. É óbvio que, a não ser que haja clareza sobre o que deve ser considerado uma coisa boa ou uma coisa ruim na vida, não podemos julgar se há ou não justiça, uma vez que ela depende da recompensa por boas ações e da punição pelas más. Certamente não é nenhum exagero dizer que, na mente da maioria dos cristãos, a recompensa, ou as boas coisas da vida, consistem em dinheiro, poder e prazer, e as más em obscuridade, perda e sofrimento.

Essa apreciação dos valores da vida é inquestionável; cada ser humano, de acordo com a sua natureza e mentalidade, deve ter um conjunto de valores que exprime o seu nível de evolução. Mas quando nações se autodenominam orgulhosamente nações cristãs, quando não apenas louvamos e elogiamos a sabedoria divina de Cristo, mas até mesmo exigimos que outras nações e raças reconheçam-No também como a Sabedoria encarnada, então certamente nós deveríamos pelo menos conceder alguma medida de realidade à escala de valores da qual Suas palavras dão testemunho. E aqui não encontramos uma mensagem incerta: como um fio de ouro, o ensinamento que permeia o Evangelho é o de que só há uma coisa que vale a pena ganhar nesta vida, um valor supremo, a realização do Reino interior, o Reino de Deus. Somente nesta realização da divindade a paz, a felicidade e as riquezas podem ser encontradas; com elas comparadas, as riquezas da Terra não possuem qualquer valor.

Entretanto, muito frequentemente não somos cristãos, apenas membros de igrejas cristãs; como tais, exaltamos ao máximo as glórias dos ensinamentos de Cristo e somos intolerantes com os pagãos que não os adotam, mas não pensamos em aplicar esses ensinamentos aos problemas das nossas vidas. O nosso Cristianismo é uma frágil planta que só consegue florescer na estufa do culto na igreja, e morre rapidamente quando trazida para a fria atmosfera da vida diária; na manhã de segunda-feira, nosso sentido de valores muda e já não desejamos o Reino de Deus, sobre o qual cantamos tão fervorosamente no dia anterior, nem a metade do quanto desejamos aumentar nossos negócios. Também aí o problema da justiça da vida se apresenta sob uma luz muito diferente; na igreja, realmente louvamos a bem-aventurança dos santos como a mais alta recompensa, mas em casa estamos bastante dispostos, mais que dispostos, a renunciar a essas nebulosas recompensas celestes pelas recompensas mais tangíveis da Terra — o único pássaro na mão ainda vale mais para nós do que todos os pássaros que já existiram na floresta celestial.

Consequentemente reclamamos que a vida não é justa, porque o homem que segue os passos de Cristo não enriquece, não é homenageado nem fica famoso, não obtém uma alta posição ou poder político; é, muito mais frequentemente, um fracasso sob todos os pontos de vista social, espezinhado na luta pela existência. Mas nossas queixas sobre a injustiça da vida permanecem essencialmente não cristãs; só podemos saciá-las se, ao mesmo tempo, formos suficientemente honestos para exprimir a nossa total descrença na mensagem que Cristo trouxe à humanidade e pela qual deu sua vida. Se não podemos ser cristãos, podemos pelo menos ser sinceros.

Substitutos Para a Justiça

Para a maioria dos homens, o problema continua a ser o fato de que a vida dá as suas cartas com uma total indiferença e desprezo pelas pessoas; quando muito, como uma ligeira inclinação para os maus. Mesmo se o nosso Cristianismo for real, é difícil, quando vemos a tirania do mal e da ignorância sobre os gentis e sábios, deixar de indagar se há justiça para o indivíduo. Sem dúvida nos deixa um sentimento de insatisfação, de incompletude em nossos espíritos, ver a incompatibilidade das ações de um homem com os resultados que ele parece obter na vida; inconscientemente, todos desejamos ver a vida completa, equilibrada, o bom recompensado e feliz, o mau punido e miserável.

Uma novela ou drama com um final incompleto e infeliz dificilmente é popular; mesmo que a vida nos engane na recompensa e na punição, podemos pelo menos exigir isso da ficção, e muito da gratificação que obtermos das histórias que lemos, que vemos no palco ou na tela, é devida ao fato de que pelo menos as coisas aconteceram como deveriam — o herói foi recompensado, o vilão foi derrotado. Nossa fome de justiça ganha vida novamente sob tais circunstâncias, e quando retornamos da leitura ou da contemplação desses dramas que gratificam a alma para a nossa vida cotidiana, não podemos deixar de ver como eles carecem de lógica e razão. Mas a vida não é nem lógica nem razoável.

Uma outra ferramenta de substituição para a nossa insatisfação com as operações da vida reside em nossa concepção de uma vida após a morte. Mesmo se o bom não receber a recompensa por suas ações nesta vida, certamente a receberá na vida após a morte; lá, se não aqui, ele obterá a felicidade que lhe é de direito. Que os maus se rejubilem em seus ganhos ilícitos no breve período de vida que lhes cabe; logo virá o tempo em que, entre ranger de dentes e lágrimas amargas, eles sofrerão a justa retribuição por suas más ações. Então, da sempiterna alegria dos céus, o bom pode sorrir, com uma complacência divina, sobre o sempiterno tormento dos condenados – sim, na estranha mentalidade de alguns parece que a vida de bem-aventurança ganha um sabor adicional com a contemplação de sofrimentos infinitos.

Do ponto de vista psicológico, as alegrias celestiais e os sofrimentos do inferno não passam de um substituto para aquela justiça que não encontramos na nossa vida diária; na vida após a morte, os fragmentos incompletos da vida são suplementados e completados pela recompensa ou punição que não encontramos aqui.

Até mesmo a natureza dos tormentos infernais e das alegrias celestiais são um produto dos nossos desejos e medos terrenos; o inferno das pessoas do hemisfério norte é tão frio quanto o inferno imaginado nos trópicos é quente. De forma semelhante, as atividades na mansão celestial do homem mudam com os costumes de cada época: para o egípicio, ricos campos de trigo e colheitas produzidas sem trabalho; para o indígena norte-americano, felizes campos de caça com abundância de jogos e esportes infinitos; para os nossos antepassados teutônicos, a Valhala[16] com muitas lutas e cerveja servida nos crânios dos antigos inimigos. O paraíso dos maometanos é resplandecente de húris,[17] e quem pode pensar num paraíso cristão sem harpas e hinos de louvor eternos?

16 Mitologia nórdica. Em português, "palácio dos mortos heroicos" (N.T.).

17 As húris são, de acordo com a fé islâmica, virgens prometidas aos homens bem-aventurados, isto é, seres antropomórficos perfeitos com que, como gratidão por suas boas ações em terra, os homens serão premiados no paraíso. São seres celestiais, ligadas à forte tradição que o Islã tem em relação aos prazeres sensoriais infinitos que são prometidos aos fiéis no contexto do êxtase na consciência de Deus, em que viveriam após a morte terrena. Wikipédia (N.T.).

Não, não podemos resolver o problema da injustiça da vida, nem mesmo em nossas crenças mais nebulosas de que, de alguma forma, tudo será solucionado depois da morte; essas crenças são, muito evidentemente, criações do próprio homem. A atitude de "apenas aguarde e veja o que acontece com você quando estiver morto" dificilmente proporciona a justiça que desejamos ver agora, em vida; é um consolo muito débil para a vítima saber que, após a morte, aquele que a roubou sofrerá agonias indescritíveis, enquanto ela mesma se banhará em bem-aventurança autojustificada. Para acreditar na justiça da vida, o homem deve ter motivos mais relevantes do que este.

A Doutrina do *Karma* e a Justiça da Vida

É inevitável que a vida do homem na Terra pareça ininteligível enquanto a considerarmos por si mesma e não como parte de um grande ciclo que todo ser individual perfaz do princípio ao fim. Todos nós completamos o Ritmo criativo em nossa própria evolução; todos nós crescemos desde a unidade inconsciente do homem primitivo, passando pela separatividade do homem intelectual, até a unidade consciente do homem espiritual; todos evoluímos do selvagem ao santo em nossa peregrinação através desses mundos de matéria. Numa única vida surgimos apenas para avançar um passo nesse longo caminho para a perfeição, mas não podemos deixar de concluir que é através de muitas vidas na Terra que completamos o nosso ciclo de evolução.

Quando observamos uma vida em sua conexão causal com as vidas precedentes e posteriores, percebemos a absoluta impossibilidade de encontrar a justiça que buscamos num período que não está completo em si mesmo. Da mesma forma, podemos considerar um único dia em nossas vidas e exigir ver aquele dia por completo, equilibrado em seus próprios limites. Todo dia de necessidade continua o trabalho dos dias anteriores; nós acordamos com os resultados das nossas ações do dia anterior ou de antes ainda, prosseguimos nas relações que iniciamos anteriormente com nossos semelhantes, e todo o nosso dia de trabalho está inextricavelmente ligado ao trabalho dos dias anteriores. A mesma interconexão existe entre os dias da nossa vida maior, cada um dos quais é uma vida na Terra; são nossas ações em uma vida que produzem resultados não apenas naquela mesma vida, mas em vidas posteriores. Os laços, para o bem ou para o mal, que estabelecemos com nossos semelhantes em uma vida, e que no fim dessa vida são muitas vezes deixados incompletos e não ajustados, serão retomados em alguma vida posterior, quando encontrarmos novamente aqueles a que prejudicamos ou auxiliamos. De que outra forma a nossa evolução poderia ser contínua se não houvesse essa conexão causal entre nossas diferentes vidas terrenas, cada uma sendo ao mesmo tempo a colheita das anteriores e, em suas ações, a semente a ser colhida nas vidas vindouras?

Aqui surge uma nova esperança de justiça: se as sucessivas vidas do homem na Terra estão todas causalmente conectadas, então as circunstâncias nas quais ele se encontra nasceram em alguma vida em particular; as vantagens ou desvantagens, a boa ou má sorte que chegam até ele, por mais injustas que pareçam, estão necessariamente conectadas e são causadas pelos eventos de suas vidas anteriores. Assim, uma explicação para as aparentes injustiças da vida é que o infortúnio de um único homem e a boa sorte de outro são resultado de suas respectivas ações no passado, a justa consequência de seu próprio comportamento. Não podemos encará-las como recompensa ou punição, uma vez que as vidas do homem estão ligadas em uma cadeia de causa e efeito e, nessa causalidade, é tão inevitável que ações tragam seus próprios resultados quanto em relação aos acontecimentos físicos. A lei de causa e efeito toma o lugar de um Deus que distribui recompensas e punições; se desrespeitamos a lei, o resultado se seguirá inevitavelmente. Não ajuda dizer que não conhecíamos a lei ou que estamos arrependidos do que fizemos; aquele que coloca sua mão no fogo necessariamente queimará seus dedos, quer saiba que o fogo é quente ou não.

De acordo com a doutrina do *karma*, como é chamada pelas filosofias hindu e budista, nós sentimos os efeitos das nossas próprias ações passadas e, ao mesmo tempo, estamos causando as condições da nossa existência futura; toda a nossa evolução é um todo conectado. As aparentes injustiças da vida social agora se tornam inteligíveis; o homem que em vidas passadas sempre tentou beneficiar seus semelhantes nascerá em circunstâncias e com possibilidades que lhe darão um campo mais amplo para os seus poderes para o bem. Aquele que apenas pensou em si e causou mal aos outros nascerá em condições nas quais, através do sofrimento, aprenderá a inviolável unidade da vida.

Então o problema da injustiça da vida está finalmente resolvido? Podemos pelo menos dizer que a vida é justa, uma vez que a lei de causa e efeito trabalha com uma exatidão infalível? Certamente vimos, agora, como os eventos e circunstâncias de uma vida estão conectados com as vidas anteriores, mas mesmo assim a questão permanece: o que causa a diferença entre o ciclo de evolução de um indivíduo a outro? A evolução de dois seres humanos nunca é a mesma, e o próprio fato de serem diferentes demonstra uma desigualdade inerente. A justiça pede igualdade, a desigualdade sugere injustiça, e a questão permanece. Por que os caminhos que os seres humanos percorrem em seus ciclos evolucionários são tão diferentes?

Se seguirmos essa desigualdade até o seu início, temos que assinalar como tal o momento em que o indivíduo emerge da alma-grupo da natureza – quando, da alma-grupo que dominava a existência animal, nasce um ser humano individual. O momento da individualização marca o início do ciclo de evolução humana, e, uma vez que esse momento é necessariamente diferente para cada ser humano, seus ciclos evolucionários também serão diferentes.

A literatura teosófica explica que a individualização do animal a partir da alma-grupo a qual pertencia ocorre apenas no caso de animais domésticos, e que é o seu contato íntimo com o homem e sua resposta às qualidades humanas de emoção e pensamento que causam o nascimento do indivíduo. Quando o animal é assim "individualizado", sua próxima aparição na Terra será como um ser humano; o início do seu ciclo de evolução humana é marcado por essa resposta especial do animal doméstico, que faz com que ele se individualize. Mais além é ensinado que existe diferentes maneiras ou meios de individualização; o animal pode nascer como um ser humano através do amor, da sabedoria ou da devoção, os chamados meios corretos de individualização, e também através do medo, ódio ou orgulho, chamados de meios incorretos de individualização. Está descrito em vários trabalhos teosóficos como esses meios de individualização afetam todo o ciclo evolucionário do ser humano que emerge do reino animal. Se a individualização ocorre através do amor e da devoção, o caminho da evolução será suave e harmonioso, alegre e construtivo. Se, no entanto, ocorre através do ódio ou do medo, causado geralmente pela crueldade humana para com o animal, então todo o ciclo evolucionário do desafortunado ser humano que emergiu dessa maneira para a individualidade estará marcado pelos vícios e as misérias a eles associadas, presentes na vida humana; sua evolução é retardada, ele sofre agonias indizíveis em sua constante rebelião contra seus superiores espirituais ou se desenvolve como um desalmado opressor de seus semelhantes, produzindo, assim, mais *karma* ruim, o que lhe trará ainda mais sofrimentos; resumindo, ele parece evoluir através das más ações e das dores. Entretanto, é claro que o animal não pode evitar esse meio de individualização, e que o indivíduo que assim emerge da espécie animal não é responsável pelo tratamento que recebeu dos seres humanos responsáveis.

Contudo, como um indivíduo, ele precisa sofrer todas as misérias e os infortúnios causados por um meio errado de individualização, vida após vida. Onde está, então, a justiça?

A lei do *karma* realmente nos mostra como diferentes vidas estão interconectadas, como os eventos de uma vida produzem circunstâncias na próxima; assim, explica muito e é *uma adição valiosa ao nosso conhecimento do método de evolução*. O que, entretanto, ela não explica e não pode explicar é por que alguns seres humanos nascem como indivíduos de uma maneira que os marca como maus e rebeldes por toda a sua evolução posterior, enquanto outros possuem o aparentemente injusto privilégio de se individualizar da forma correta e evoluir por vidas de harmonia e alegria. O problema da justiça, portanto, não está resolvido pela doutrina do *karma*, que ensina apenas a conexão causal entre as vidas sucessivas; a questão só foi transferida para o início da evolução humana, e a desigualdade entre a evolução de um homem e de outro permanece inexplicada.

Muito frequentemente pensamos ter resolvido um problema quando o reafirmamos em uma terminologia incomum ou quando recuamos algumas centenas de milhares de anos. Por mais valiosas que as doutrinas da reencarnação e do *karma* possam ser, devemos reconhecer que fundamentalmente e definitivamente elas não resolvem a questão da justiça da vida. Essa questão é de uma ordem completamente diferente;

assim nós prejudicamos, em vez de realçar, a nobreza das doutrinas mencionadas, quando tentamos fazê-las servir de solução para problemas que pertencem ao domínio da Realidade última. As doutrinas da reencarnação e do *karma* pertencem ao mundo da relatividade; seu valor e seus ensinamentos são científicos, não filosóficos. Do ponto de vista filosófico, na verdade pouco importa se a desigualdade na vida humana é causada por uma decisão arbitrária, por uma Divindade que coloca cada alma em circunstâncias diferentes ou pelos distinto meios de individualização do reino animal; o problema da injustiça permanece.

Para muitos é difícil ver se uma resposta realmente resolve um problema ou se ela simplesmente o reafirma ou o faz recuar; seria um trabalho útil mostrar, na religião, na filosofia e na ciência, os muitos exemplos em que a explicação de um método ou da forma como os acontecimentos se desenrolam é aceita como uma solução e uma explicação da razão fundamental de todo o processo. As doutrinas da reencarnação e do karma fornecem uma valiosíssima exposição do processo de evolução individual no nosso mundo; como tal, são verdadeiras e da maior importância, mas não resolvem a questão da aparente injustiça da vida. O problema ainda exige uma solução.

A Natureza Errônea do Problema

Novamente precisamos analisar o próprio problema e ver se ele possui ou não um elemento de erro que possa torná-lo impossível de ser resolvido.

Consideremos, então, o problema da justiça; vamos ver se ele está correto em si mesmo. O homem, vendo a desigualdade das circunstâncias e dos destinos neste mundo, exige alguma forma de compensação que faça com que a parte de bem ou mal que cabe a cada um se iguale à parte de todos os outros. Esta, colocado de forma grosseira, é a exigência fundamental por trás da questão da justiça da vida para o indivíduo.

Há uma certa mesquinhez subjacente a esse clamor por justiça; gostaríamos de ver a Divindade sentada no Seu trono, distribuindo as delícias e os males da vida com uma imparcialidade e uma correção infalível de pesos e medidas que orgulharia o comerciante da aldeia, e acompanhamos com olhos invejosos as porções que os nossos semelhantes recebem, comparando-as sub-repticiamente com as nossas e umas com as outras, para termos a certeza de que são todas iguais. Será que esta é uma mentalidade a partir da qual uma questão filosófica – para não falar de uma resposta filosófica – poderia ser produzida? E mesmo que a questão não fosse essencialmente errada, a nossa preocupação com ela é compatível com a dignidade humana?

Entretanto, à parte o não muito elevado nível de pensamento que produz o problema, e apesar da controvérsia que tem girado sobre ele através dos tempos, a questão em si mesma é impossível. A exigência de justiça é, em última análise, uma exigência de que cada ser humano individual obtenha um quinhão igual da vida, e que a soma total de alegria e dor seja mais ou menos a mesma para todos. O problema, portanto, é baseado na nossa concepção de indivíduos separados, destacados de todos os demais e vivendo uma vida própria, autônoma, com seu objetivo e propósito em si mesma; apenas nessa concepção de uma individualidade separada é que o problema da justiça pode ter qualquer significado. Mas esse sentido de separação é uma ilusão básica, realmente inevitável em nosso ciclo de evolução, assim como a exteriorização do nosso mundo-imagem é inevitável; nem por isso, porém, deixa de ser uma ilusão. Na nossa consciência diária, permeada como é por essa ilusão, nós nos sentimos clara e distintamente separados de nossos semelhantes, e, nesse sentimento de separatividade, produzimos problemas que jamais poderemos resolver.

Um desses problemas é o da justiça da vida, da justiça ou injustiça da Divindade que supomos ser responsável por todos e que, em nossas mentes, deveria dar a cada um de nós um tratamento igualmente justo. O problema está enraizado no sentido de separatividade, que é uma ilusão; consequentemente, podemos ponderar sobre isso por séculos, mas nunca encontraremos uma solução.

Se quisermos conhecer a realidade, precisamos superar as ilusões nos problemas apresentados pelo nosso intelecto, em vez de aceitá-los sem suspeita. Só assim podemos chegar ao conhecimento vivo.

Justiça no Mundo do Real

Vamos, novamente, nos retirar da ilusão de nosso mundo--imagem, com suas hostes de erros e más interpretações, e entrar no mundo da Realidade, onde, em silêncio e paz, podemos conhecer as coisas como elas são, onde podemos vivenciar a realidade que tão inutilmente procuramos nesse problema de justiça. Onde, no mundo da relatividade, o indivíduo separado é a realidade marcante, o oposto é experimentado no mundo do Real. Ali, a experiência marcante e arrebatadora é a unidade fundamental de tudo que existe, e nessa unidade a multidão de criaturas e coisas aparecem como notas em uma vasta composição musical. Nós mesmos nos perdemos na unidade do todo, e na luz dessa experiência o nosso sentido normal de separatividade parece absurdo e lastimável.

A unidade no mundo do Real é algo muito diferente até mesmo das nossas concepções mais elevadas sobre a unidade na vida diária. Aqui, sempre pensamos em unidade como a combinação de coisas que são separadas; no mundo do Real, percebemos que unidade não é união; a multidão de coisas separadas não se combina para formar uma unidade mais que as frações contidas no número um produzem, ao serem somadas, a unidade desse número. A unidade é fundamentalmente uma coisa real; a multiplicidade é apenas um modo de contemplar e vivenciar essa unidade.

Quando entramos no mundo do Real não permanecemos como indivíduos, cercados por um mundo que não somos nós; somos tudo o que existe e a nossa individualidade parece ter se fundido com o Todo. Assim, no mundo da Realidade, vivemos em tudo e através de tudo, somos tudo; nossa amada ilusão de uma individualidade distinta de todas as outras individualidades parece apenas uma lamentável distorção, uma terrível má interpretação. No mundo da Realidade, a exigência de justiça para o indivíduo é quase repulsiva, é completamente impossível e incompatível com as coisas como elas são. Na cegueira e ilusão de nosso mundo-imagem, podemos nos imaginar como seres separados; entretanto, todo o tempo, o fato é que nunca estamos separados, mas somos fundamental e essencialmente um. Nessa realidade não apenas compartilhamos, mas somos a vida de todas as criaturas, numa plenitude de unidade absoluta que é incompreensível para a nossa consciência na vida cotidiana. A exigência de justiça não tem, portanto, qualquer sentido nesse mundo; não importa se algo acontece com aquela parte da realidade que eu chamo de "eu" ou com a parte que eu chamo "outra pessoa", pois todos são um na unidade absoluta; o que acontece com alguém acontece conosco; existe apenas uma Realidade na qual, e através da qual, tudo acontece.

Tudo o que existe expressa o Absoluto e, embora a expressão na relatividade seja em inumeráveis modos ou criaturas, só há uma Realidade que assim é expressada; unidade e multiplicidade são apenas maneiras diferentes de vivenciar a mesma realidade. As múltiplas e aparentemente separadas manifestações no mundo do relativo são tantas quanto as notas separadas com as quais uma grande sinfonia é construída; existe necessariamente uma diferença entre as notas, e elas são agrupadas diferentemente em acordes e harmonias, mas a sinfonia é uma só. O quão absurdo sereia a sugestão de injustiça na diferença dos lugares atribuídos às diferentes notas? De fato, uma única nota pode ser parte de um majestoso acorde inicial, enquanto outra fica quase perdida em uma passagem menor. A sinfonia é uma e não podemos atribuir separatividade às notas ou acordes individuais; eles todos são a sinfonia. Cada nota tem seu significado apenas como parte da sinfonia; ela não é uma coleção de notas agrupadas em uma unidade, mas cada nota faz parte dela. A composição como um todo é a realidade fundamental – compreendendo isso, podemos dizer que não existe algo como uma nota separada, pois toda nota compartilha a beleza do todo e a vida de todas as outras notas, a vida da sinfonia.

Assim, somos um; a rica variedade no mundo do relativo, as muitas criaturas e objetos aparentemente separados são apenas notas e acordes da eterna Sinfonia da criação. Nenhuma nota pode ser separada da Sinfonia, nenhuma possui uma existência separada, a vida do todo está em cada uma e cada uma compartilha a vida, as alegrias e os sofrimentos de todas as demais. A exigência de igualdade ou de justiça para o indivíduo demonstra apenas que nosso indivíduo ainda não se percebeu como parte da Sinfonia; ele ouve apenas seus próprios sons sem sentido reverberando no vazio da ilusão. Que enorme diferença faz quando compreendemos que somos a Sinfonia, o Hino da criação, quando então sabemos que damos sentido a todas as outras notas assim como elas dão sentido a nós, que não existem notas separadas, mas que todas são eterna e inseparavelmente parte da eterna Canção da Vida.

Uma vez que compreendemos a unidade do mundo do Real e vemos o quão distorcida a visão da ilusão de uma individualidade separada realmente é, deixamos de pedir justiça ou igualdade. Por mais miserável que o nosso destino individual possa parecer, e por mais glorioso que seja o de outra pessoa, sabemos que compartilhamos a vida de todos, e que na unidade de tudo o nosso lamento é tão essencialmente parte da Canção da criação quanto a alegria do nosso vizinho. O que acontece com ele acontece conosco, nosso destino é o destino dele, o que fazemos a ele fazemos a nós mesmos, o que ele faz conosco ele faz a si mesmo. Na Visão da Realidade obtemos desapego do nosso próprio destino e circunstâncias particulares; vivendo como nós vivemos na unidade de todas as coisas no mundo do Real, não podemos mais ver qualquer corpo individual como separado em sua miséria ou alegria, uma vez que somos todas as coisas simultaneamente. Somos a mão que nos golpeia e a mão que abençoa, somos a multidão de coisas vivas, todo o mundo ao nosso redor, tão grande como o mundo dentro de nós. Onde está agora a nossa exigência de justiça, que significado tem a justiça para nós quando percebemos a unidade? O próprio desejo de possuir o mesmo que o nosso vizinho se tornou absurdo, uma vez que sabemos que somos esse vizinho, assim como tudo o que ele recebe.

É essa percepção da unidade de que fala Dante, no terceiro Canto de *Paraíso*. Aqui o poeta encontra os espíritos cujo lugar eterno nos céus é representado pelo reino da Lua, uma esfera cósmica inferior onde vivem aqueles que, na vida religiosa, foram impedidos de manter seus votos inviolados. Assim, Piccarda, com a qual Dante conversa, diz:

> Nosso posto neste céu, na mais lenta das esferas, nos foi dado porque fomos um tanto negligentes em nossos votos.

Dante se pergunta se esses espíritos não anseiam pelos reinos superiores do Paraíso, insinuando que eles podem estar insatisfeitos com seu posto ou invejosos daqueles que foram colocados mais próximos do coração das coisas, em bem-aventurança eterna. Então ele pergunta para Piccarda:

> Mas dize-me, vós que aqui estais tão felizes, não almejais um lugar mais alto, para ver mais e mais serdes amados?

Trata-se da exigência terrena por justiça, que aqui, no Paraíso, perdeu o seu significado:

> Ela sorriu. O mesmo fizeram os outros vultos. Depois, com um semblante que irradiava felicidade, respondeu:
>
> — Irmão, nossa vontade é satisfeita pela virtude do amor, que nos faz querer somente o que já temos. Se desejássemos subir mais, então nossos desejos não estariam de acordo com o desejo Daquele que aqui nos colocou. Não há lugar para isto aqui. Considera a natureza do amor e verás que aqui, só amor é necessário. Nossa posição neste reino, seja mais alta ou mais baixa, agrada a nós, ao reino e também ao Rei. Aqui habitamos na Sua vontade, e a Sua vontade é a nossa paz.
>
> Para mim ficou claro que o Paraíso está em todos os cantos do céu, mas que a graça do Bem Supremo não se espalha por ele de maneira uniforme.

Outras palavras não poderiam exprimir com mais dignidade ou beleza a unidade omnipresente do mundo do Real, na qual pensamentos de insatisfação com o lugar que nos pertence na unidade do todo, ou inveja daqueles que estão em posição mais elevada que nós, são impossíveis. É de fato verdadeiro que, se pensarmos na "natureza do amor", veremos que não há lugar no reino da realidade para o desejo de ser superior ou para aspirações discordantes da Vontade Suprema. O amor é a percepção da unidade, e, nessa percepção, o homem transcende sua individualidade e compartilha a vida do todo. A existência de toda criatura no mundo do Paraíso, ou Realidade divina, é uma alegria para todos, de um ponto a outro, através do reino; a experiência de cada um é a experiência do todo.

Enquanto estivermos presos na ilusão da separatividade exigiremos justiça sem encontrá-la; quando transcendemos a ilusão e vivenciamos a realidade, o problema da justiça se torna supérfluo em relação à verdade maior que encontramos. Como sempre, nossos problemas são impossíveis de solucionar enquanto estivermos presos na ilusão que os produziu, e perdem seu significado quando essa ilusão é vencida. Resolvidos nunca serão; quando soluções são demandadas, podemos ter certeza de que o erro está do lado de fora.

Portanto, fica claro, como diz Dante: "Para mim ficou claro que o Paraíso está em todos os cantos do céu, mas que a graça do Bem Supremo não se espalha por ele de maneira uniforme." O mistério da Realidade última é a multiplicidade na unidade. A unidade é tão real e eterna quanto é a variedade de seres relativos; consequentemente, embora possa haver desigualdade na vida e no destino, essa desigualdade é apenas parte da unidade eterna e, portanto, não pode nunca ser chamada de injustiça.

Na prática da vida, o conhecimento obtido no mundo da Realidade significa equanimidade com relação ao nosso próprio destino e compaixão pelo destino dos outros. Aqui, mais uma vez, o intelecto, em sua incapacidade de compreender a realidade, interpretará erroneamente e se equivocará em relação àquilo que ele não pode apreender. Assim, ele dirá: "Se a justiça não passa de uma ilusão do ser separado, não há mais necessidade de justiça na vida diária. Uma vez que todos são um, eu posso tratar mal meus semelhantes e ficar com tudo que puder, já que a minha vantagem também é a deles na unidade de todos, e a sua dor é a minha. Dessa forma, seria equivalente matar meu vizinho para roubá-lo ou lhe dar o melhor que eu tenho." Para o intelecto, pensamentos assim podem parecer apenas conclusões lógicas da experiência da realidade, mas tudo isso não passa de uma distorção da verdade, como o intelecto preso à ilusão sempre faz.

O fato de que, no mundo do Real, compartilhamos as alegrias e dores de todas as criaturas, assim como elas compartilham as nossas, não significa de modo algum que a forma como tratamos nossos semelhantes não importa. Pelo contrário, a única maneira como podemos interpretar nossa percepção da unidade no mundo do relativo é através do amor por todas as criaturas. Assim como qualquer ação grosseira e prejudicial é uma negação da Realidade na qual todos somos um, o autossacrifício, o amor por tudo o que vive e o serviço para os nossos semelhantes são expressões, no mundo da relatividade, daquela Realidade suprema que nunca pode ser totalmente expressa aqui, a unidade absoluta de tudo o que existe. O amor é a maior aproximação da Realidade que podemos encontrar no mundo do relativo; apenas no amor o homem pode realmente ajustar o seu ser ao mundo do Real.

Amor é mais que justiça; "olho por olho, dente por dente" é justiça, mas amor é perdoar aqueles que nos perseguem e fazer o bem àqueles que nos odeiam. A lei de Moisés expressa justiça, a lei de Cristo expressa amor; *justiça é a exigência daqueles presos no mundo da ilusão, o amor é a alegria daqueles que conhecem a Realidade.*

Portanto é verdade que, enquanto vivemos na ilusão da separatividade e clamamos por justiça, somos incapazes de resolver o problema da injustiça da vida; quando transcendemos a ilusão da separatividade e entramos no mundo do Real, já não desejamos mais resolver o problema, porque percebemos que ele é um erro. A vida não se preocupa com as questões e erros da nossa consciência presa à ilusão; *a vida é mais que justa, a vida é única*. Nessa unidade de tudo que existe, o problema da injustiça é transcendido e a realidade da unidade da vida é vivenciada.

Capítulo 10
A Imortalidade da Vida

O Uno permanece, os muitos mudam e passam;
A luz do Céu brilha para sempre, as sombras da Terra voam;
A vida, como uma cúpula de vidro de várias cores,
Mancha a branca radiância da Eternidade.
....
(Shelley)

A Questão da Imortalidade

Em todos os tempos o homem abominou a ideia do final da existência. A humanidade sempre revelou o seu desejo de viver para além da morte física nas crenças reveladas ou nas verdades filosóficas. Desde o animismo rude do homem primitivo, com sua crença nos espíritos e sua adoração dos antepassados, até a lógica da argumentação teológica e filosófica, o esforço sempre foi o mesmo: justificar a crença numa vida contínua após a morte e eliminar o medo de um fim. Entretanto, o instinto, o desejo ou até mesmo o medo vêm primeiro, a justificativa do intelecto ou das revelações vêm depois; o instinto pede a imortalidade e o intelecto a supre, completando-a com provas e argumentos.

Deveríamos sempre nos resguardar das doutrinas que os nossos medos e desejos instintivos requerem; aqui a mente investigativa não descobriu a verdade espontaneamente, mas o desejo da imortalidade fez com que o intelecto fornecesse uma doutrina de vida e morte que satisfaz a esperança dos homens e dissipa seus medos. Desses medos, o maior, fora de questão, é o medo da morte.

Amamos tanto a nós mesmos que somos incapazes de tolerar a ideia de que o nosso precioso ego um dia deixará de existir; preferimos aceitar uma vida miserável que nenhuma vida. Para nós é impensável não existir — no próprio fato da nossa existência atual encontramos a promessa e a necessidade de uma existência continuada através dos tempos. Entretanto, toda aparência da personalidade parece desaparece com a morte do corpo; se algo sobrevive, escapa à nossa percepção. A evidência dos nossos sentidos, portanto, parece negar essa existência continuada que desejamos tão fervorosamente, tão fortemente quanto tememos a possibilidade de um fim da existência com a morte do corpo. Sentimos que nossa vida permanece incompleta, inacabada, e concluímos que deve haver uma vida após a morte na qual se encontra o equilíbrio tão tristemente ausente aqui.

Existe, entretanto, uma razão mais elevada para a questão da imortalidade. Há em todos nós uma tênue percepção do fato de que somos mais que o corpo, e que com a morte do corpo nós não deixamos de existir. É a visão da nossa realidade eterna que inspira essa convicção da imortalidade. Entretanto, nosso intelecto capta de um modo imperfeito aquilo que essa visão significa; onde a experiência da realidade nos fala do nosso ser eterno, a interpretação do intelecto se torna uma doutrina da mortalidade do nosso eu temporal, em sua aparência passageira.

Quer seja a nossa busca de imortalidade inspirada por essa leve compreensão do intelecto a respeito do nosso ser maior, quer seja pelo medo do nosso mesquinho eu que deseja a imortalidade, haverá sempre primeiro a exigência da imortalidade, e depois a prova disso pelo intelecto. Assim, a teologia e a filosofia têm, muito frequentemente, se prestado a satisfazer as exigências do homem mortal, fornecendo de bom grado provas e argumentos para aquilo que ele já tinha decidido ser necessariamente verdadeiro, por causa do seu próprio medo das terríveis perspectivas contrárias. Dificilmente será creditado à filosofia ser assim ordenada a buscar a verdade, com instruções cuidadosas sobre onde exatamente essa verdade deverá ser encontrada e qual é a sua natureza. É tarefa da filosofia avançar sem medo ou moderação e descobrir as coisas como são, quer elas agradem os medos e desejos instintivos do homem ou não. Fornecer argumentação lógica para uma doutrina apenas porque seria terrível se essa doutrina não fosse verdadeira é tão inútil quanto desprovido de verdade.

Assim, mesmo os argumentos de Kant para imortalidade, em sua *Crítica da Razão Prática*, são, quando passamos a analisá-los, apenas um *petitio principii*.[18] Ele argumenta que a conformidade sagrada e perfeita do desejo com a lei moral exige um eterno progresso, e que "este progresso infinito, todavia, só é possível sob a suposição de uma existência e personalidade duradoura no infinito do mesmo ser racional (...). O sumo bem só é praticamente viável sob o aspecto da imortalidade da alma, sendo, por conseguinte, esta, ligada inseparavelmente à lei moral como se encontra, um postulado da razão pura prática." Essa não é uma argumentação filosófica que inspira admiração, embora venha de ninguém menos que Kant; mesmo concordando que santidade é o objetivo da vida, não é necessário concluir que o progresso eterno é necessário para atingir essa santidade ou a conformidade per-

[18] A expressão latina *petitio principii* (petição de princípio) indica uma falácia informal que consiste em afirmar uma tese, que se pretende demonstrar verdadeira na conclusão do argumento, já partindo do princípio de que essa mesma conclusão é verdadeira, e empregando essa pressuposição em uma das premissas. Wikipédia (N.T.).

feita da vontade com a lei moral. Mesmo assim, progresso e duração eternos são termos tão sem significado quanto tempo eterno. Não podemos deixar de sentir que a imortalidade da alma tinha de ser provada de alguma maneira, e que não é tanto a descoberta de uma mente investigativa quanto uma noção preconcebida que o intelecto, querendo ou não, tinha que sustentar com argumentos e provas. Assim, não há um único dos muitos argumentos filosóficos e teológicos a favor da imortalidade que não possa ser refutado com igual força e contestado através de uma afirmação igualmente lógica, negando o primeiro. Não se pode deixar de sentir que a maior parte deles são tentativas ansiosas de provar a continuidade da existência, pela qual o homem anseia com um desejo que exige satisfação.

É estranho de muitas maneiras que o homem se mostre tão ansioso por uma continuação infinita da existência, uma vez que, para a maioria, ela traz mais sofrimento e desapontamentos que alegrias. Pode até mesmo parecer que a continuação dessa vida "para todo o sempre" seria mais terrível do que o seu fim. Mesmo se imaginarmos uma vida imortal cheia de alegria e sem sofrimento, repleta das coisas boas ausentes em nossa vida presente, não seria, mesmo assim, uma perspectiva terrível pensar nessa vida para todo o sempre, sem um final? Será que aqueles que exigem a imortalidade tão insistentemente tentaram alguma vez imaginar o que significariam mil ou um milhão de anos dessas chamadas "alegrias da vida"?

É natural que uma mulher pobre, que tem que trabalhar como uma escrava por toda a sua vida para manter seu marido e filhos vestidos e alimentados, anseie por um paraíso vindouro onde ela não tenha que fazer mais nada para sempre. Mas será que ela se dá conta de que em poucas horas (para não falar de alguns poucos milhões de anos) essa divina inatividade a faria desejar algo para fazer, mesmo que fosse apenas remendar um par de meias celestiais? A capacidade de encontrar alegria espiritual sem atividade e mudança contínua denota um estágio avançado de evolução. Para a maioria de nós, um feriado é apenas um período a mais de esforço e atividade; um paraíso de descanso eterno seria um horror do qual rezaríamos devotamente para sermos poupados. Todavia, um céu de atividade significaria inevitavelmente a repetição das mesmas atividades continuamente, o que seria igualmente insatisfatório. Falamos tão facilmente de uma vida infinita, pedimos por ela, mas é apenas a nossa incapacidade de imaginar essa vida infinita que torna possível desejar algo que, se realizado, seria uma punição mais terrível que qualquer das retratadas no *Inferno* de Dante.

É o medo de uma cessação completa da existência, com a morte do corpo físico, que nos faz desejar uma existência continuada. Aliviados por não sermos extintos de todo, não nos preocupamos desnecessariamente com nossos possíveis sentimentos alguns milhões de anos à frente; nossa principal preocupação é o que o medo imediato seja dissipado. Não é apenas nos assuntos da vida mortal que estamos sempre dispostos a adiar as dificuldades atuais com um empréstimo ou uma hipoteca que nos ajudará por alguns anos, antes do dia do ajuste de contas. Sempre encontramos satisfação em adiar esse momento; desde que tenhamos sucesso em adiá-lo sucessivamente, não nos preocupa muito o fato de que, quando o dia fatal finalmente chegar, será muito pior do que a nossa situação atual. As histórias medievais de homens que venderam a alma ao demônio por mais alguns anos de vida (que demônio faria uma troca tão inútil?) mostram a mesma vontade de adiar o ajuste de contas e gozar o momento presente.

Em nosso medo da morte, desejamos demasiadamente aceitar qualquer coisa em um futuro remoto, desde que possamos superar o terror imediato do final da existência.

A Negação da Imortalidade pelo Materialismo

Portanto, existem muitas aspirações elevadas, mas também muito medo desmedido na procura da imortalidade, de uma vida sem fim. Não é apenas para o benefício da humanidade que desejamos que a nossa personalidade sobreviva; é para a nossa própria satisfação que tememos a extinção. Além disso, em nossa atitude na vida presente, em muitos casos é o medo de um futuro desconhecido, com suas alternativas de terríveis sofrimentos ou alegrias celestiais, que faz com que tentemos ser bons e que procuremos evitar o mal. Sem a espada da incerteza suspensa sobre suas cabeças, muitos se entregariam a coisas que agora temem fazer, uma vez que podem ser punidos. Não foi uma concepção de vida nobre que inspirou essas palavras de Lutero: "Se não acreditas em nenhuma vida futura, eu não daria um cogumelo pelo teu Deus. Fazei, pois, o que quiserdes! Porque se não há Deus, então não há diabo, nem inferno; como uma árvore caída, tudo acaba quando morremos. Então mergulhai na luxúria, na malandragem, no roubo, no assassínio!" Certamente, se o medo do inferno ou de alguma forma de punição é a única razão para nos abstermos do mal, nossa moralidade vale muito pouco. Infinitamente mais nobre é a história que Tsanoff relata em *The Problem of Immortality*, onde uma mulher sarracena caminhava pelas ruas de Damasco com uma panela de fogo numa mão e um jarro de água na outra. "O que você vai fazer?", perguntou-lhe um monge. "Queimar o Paraíso e extinguir o fogo do inferno, para que os homens possam fazer o bem por amor a Deus." A alma de Lutero poderia refletir sobre esta história na sua casa celestial.

De muitas maneiras, nossa atitude em relação à morte é a medida da nossa espiritualidade. John Ruskin não sugeriu certa vez que o verdadeiro teste de caráter de qualquer pessoa seria seu comportamento se ela soubesse, sem sombra de dúvida, que teria apenas alguns meses para viver? Se qualquer um de nós tivesse essa inevitável perspectiva, como viveríamos nesse meio tempo? Faríamos uma fútil tentativa final de extrair da nossa vida o máximo de prazer e divertimento que nossos últimos dias permitissem? Passaríamos o resto de nossa curta vida tentando fazer o bem aos outros, por puro amor à humanidade? Ou gastaríamos nosso tempo com orações incessantes, implorando a misericórdia de Deus para nossas almas, para que nos trate melhor do que nós tratamos a Ele? Ter essa escolha a fazer seria um verdadeiro teste para nossas mais íntimas aspirações, para nossos medos e esperanças, assim como para nossas crenças e conhecimento.

Não se pode negar que há mais nobreza verdadeira em muitos materialistas convictos, que, nunca duvidando de sua completa extinção através da morte do corpo, ainda assim vivem uma vida altruísta e de autossacrifício, do que no crente devoto cuja moralidade necessita do medo do inferno e da promessa do céu. Existe uma grandiosidade moral em um filósofo materialista como Epicuro que falta a muitos idealistas. Embora o termo "epicuriano" tenha passado a significar uma indulgência refinada com os prazeres dos sentidos, o próprio Epicuro estava muito acima desse materialismo sensual. Tanto em sua vida quanto em seus escritos, assim como nos escritos de seu discípulo Lucrécio, há uma impessoalidade sublime, quase um reminiscente do Budismo em sua alegre aceitação da extinção da personalidade. Lucrécio não fala de seu professor como aquele que "resgatou a vida de tão grandes ondas e de escuridão tão densa, e ancorou-a numa calma tão perfeita, numa luz tão brilhante"? Por mais enganado que o materialismo filosófico possa estar em sua convicção de que a vida termina com a morte do corpo físico, existe mais valor verdadeiro em sua dedicação impessoal ao progresso humano do que naquele que sempre clama por imortalidade, que deseja recompensas e teme punições.

A mesma nobreza impessoal distingue a filosofia positivista; um Comte dedicaria sua vida a serviço da humanidade, na firme convicção de que deixaria de existir com a morte e que apenas os seus pensamentos e ações viveriam na humanidade que ele amava. E as palavras de Charles Bradlaugh, dizendo que para ele bastava que sua vida servisse como ponte sobre a qual a humanidade pudesse caminhar para um futuro melhor e mais feliz, certamente demonstram uma nobreza maior e uma filosofia de vida mais altruísta que a explosão de Lutero mencionada anteriormente, característica de uma moralidade baseada no medo da punição e na esperança de recompensa. Por mais errada que possa estar a sua convicção de que a vida termina com a morte do corpo, ainda assim o materialista que enfrenta de bom grado uma extinção tão completa e, no entanto, trabalha para o bem-estar da humanidade, dando o seu melhor até o fim, é muito superior em atitude e em objetivos ao rastejante buscador da imortalidade que, em lamentável preocupação com seu próprio futuro, é incapaz de dar de graça, sem barganhar com Deus por uma retribuição.

Foi pelo medo da morte que o Cristianismo se afastou tristemente da mensagem de Cristo. Certamente, se algum mestre provou que o homem é mais que seu corpo e que o espírito pode triunfar mesmo que o homem seja vencido materialmente, este foi o fundador do Cristianismo. É como se Ele enfatizasse Seu ensinamento ao vir ao mundo sem vantagens de riqueza, posição, poder ou título, entregando todas as armas e sofrendo ao ser capturado e morto por Seus inimigos, para que pudesse provar ainda mais o poder triunfante do espírito que viveu e ganhou um mundo para o Cristianismo. E, entretanto, não há outra religião que alimente mais esse desalentador medo da morte do que o Cristianismo, que o homem criou a partir dos ensinamentos de Galileu. Não será o funeral cristão, com sua tristeza melancólica, a própria negação da mensagem de Cristo? Não é um cemitério cristão, com suas inscrições sobre as lápides dizendo que "aqui jaz" aquele que conhecemos em vida, apenas um monumento a crenças não cristãs? Não é incrível que se ouça cristãos discutindo o local onde repousarão após a morte, escolhendo um lugar bonito como se eles mesmos fossem ficar sob sete palmos de terra, sentando-se de vez em quando para olhar a paisagem? Não será este também o momento de fazermos nossa escolha, decidindo se nos tornamos cristãos, aceitando a mensagem do Mestre e afastando o sombrio materialismo e as mentiras piedosas das lápides, ou então declarar francamente que consideramos que Cristo foi um iludido e que o corpo é tudo o que somos? Não existe pior acusação contra o Cristianismo moderno que o medo supersticioso com o qual envolvemos o mistério da morte, a ansiedade com a qual falamos do único fato que é uma certeza no futuro de cada um de nós.

Pelo menos a esse respeito podemos aprender com aqueles de outras religiões, a quem temos o prazer de chamar de pagãos, mas que em sua atitude para com a morte são verdadeiros discípulos de Cristo, mais que muitos cristãos. Veja como o esquema de vida hindu, organizado milhares de anos antes da nossa era, sempre tinha em mente a morte como um fato inevitável. A vida do hindu das castas superiores é dividida em quatro estágios: o do discípulo, sendo preparado para a vida; do chefe de família, cumprindo seu dever com a comunidade na qual vive; do habitante da floresta, que se liberta das amarras que o prendem, abandonando posses e poder e vivendo uma vida de eremita; e, finalmente, o do andarilho mendicante, que abandonou até mesmo o eremitério e não possui casa, tendo renunciado a tudo deste mundo. É verdade que atualmente pouco resta dessa organização da vida, mas mesmo assim a morte, para o hindu, é uma realidade presente e não um terrível fantasma a se temer e, se possível, ignorar. Em vez de esperar que a morte leve, como gostamos de dizer, tudo que nos é precioso e caro, o próprio hindu faz essa entrega, e, quando a morte chega, está pronto e disposto. Por mais que a Índia moderna tenha se afastado das leis de Manu, as nações cristãs ainda têm muito a aprender com o Oriente, que, na sua crença implícita, ou melhor, na sua certeza de que o espírito vive mesmo que o corpo morra, está mais próximo dos ensinamentos de Cristo que nossa civilização cristã, com o seu medo abjeto da morte e sua trêmula esperança de imortalidade. Pode-se muito bem refletir sobre as palavras da *Bhagavad-Gitã*:

> Ele não nasce nem morre; por não ter sido criado, jamais cessa de ser; perpétuo, eterno e prístino, não é morto quando o corpo é sacrificado.

O Cristianismo moderno está sobrecarregado por um materialismo que é uma contradição direta do seu ensinamento central, um materialismo que não possui a nobreza do materialista filosófico, cheio de medo e de preocupação com nosso destino pessoal.

A Relação entre Corpo e Alma

O materialista considera a alma ou consciência como um subproduto temporário do corpo e de suas funções, que deixa de existir com a morte do corpo; consequentemente, não há lugar para a imortalidade em sua filosofia. Contudo, não é preciso muita introspecção para descobrir que não podemos ser o corpo ou o resultado de suas funções. O próprio fato de que podemos conter e controlar o corpo (neutralizar seus desejos e tendências, fazer com que ele faça o que ele não deseja, trabalhar quando ele quer descansar, não comer quando ele quer comer, conduzi-lo impiedosamente quando ele quer se render e, num sacrifício supremo, até dar a sua vida para salvar a de outro) demonstra que não somos o corpo, muito menos um subproduto dele, mas sim o poder interno que o conduz. Se fôssemos o corpo, coisas como autocontrole, autodomínio, esforço moral e autossacrifício seriam uma impossibilidade filosófica. Só podemos controlar aquilo que não somos; "não autocontrole" seria um termo mais apropriado que "autocontrole", que expressa apenas nossa identificação com o corpo através do qual trabalhamos.

Isso não significa que não somos dependentes do corpo para nossa expressão harmoniosa no mundo físico; se ele se tornar incapaz de expressar nossa natureza ou ter suas funções danificadas, nossa própria manifestação através dele será inibida na mesma medida. Podemos encarar o ser humano defeituoso, tal como um idiota congênito, como aquele cujo instrumento corpóreo está tão danificado que impede a expressão normal de seu ser individual. Quando alteramos as funções do corpo (por exemplo, extraímos ou implantamos glândulas), as possibilidades de expressão através dele serão tão profundamente modificadas que parecerá que estamos diante de um ser humano diferente daquele que conhecemos anteriormente. Mas concluir daí que, consequentemente, o indivíduo vivo não passa de um subproduto do corpo, e exclamar com uma alegria triunfante e profana que agora, finalmente, provamos que o corpo é primário e o homem, nas suas aspirações e no seu esforço criador, é apenas secundário, é tão irrefletido e sem fundamento quanto dizer que um músico é apenas um subproduto do seu violino, pois, quando falta uma corda, as possibilidades da sua expressão artística são imediatamente alteradas.

No entanto, não devemos ignorar a importância do instrumento corpóreo e de seu perfeito funcionamento na produção da música da alma. É estranho que, embora a maioria de nós se identifique impensadamente com os corpos que são nossos instrumentos, não tenhamos o bom senso de cuidar desses instrumentos de forma que eles sejam capazes de nos expressar por completo.

Ao compreender, portanto, que não somos o corpo que usamos, mas o indivíduo vivo por trás desse corpo, precisamos tentar entender qual é a nossa relação com o corpo que usamos no processo da nossa evolução. No capítulo "Espírito e Matéria" vimos que não existe dualidade fundamental no Universo, mas que, de acordo com o nosso lugar na escala da criação eterna, uma coisa nos parece ser matéria ou espírito, assim como vida ou forma. Dessa maneira, nosso corpo aparece como matéria para nós; entretanto, à luz da Realidade, ele não é fundamentalmente diferente daquilo que nós mesmos somos, mas pertence a um grupo de manifestações em um nível inferior daquele no qual nos encontramos.

Obtemos autorrealização através do contato com essas manifestações inferiores, com as quais, subsequentemente, nos identificamos. Essa identificação é a encarnação, a associação do homem com um modo de existência inferior e, para ele, material, que conferirá a limitação e a separatividade necessárias para o cumprimento do seu ciclo de evolução.

No estágio inicial de sua evolução, o homem está totalmente identificado com o corpo; nessa identificação ele não passa de uma parte da natureza, sendo esse o nível de manifestação ao qual o corpo pertence. Conforme uma vaga recordação de seu verdadeiro ser começa a se agitar dentro do homem, ali surge uma consciência de dualidade, a vida interior e o corpo exterior; ali se inicia o esforço moral, com seus fracassos e triunfos; ali se inicia o esforço e a aspiração conscientes que finalmente levam à realidade. Quando isso é obtido, o homem sabe que ele e seu corpo são realmente um em essência, mas que o corpo é uma manifestação inferior da Realidade eterna, que deve ser controlado e guiado por ele, pois ele o utiliza no processo de sua evolução.

Portanto, nós não somos nosso corpo; ele é um instrumento que utilizamos, através do qual aprendemos e nos expressamos. Tampouco somos essencialmente diferentes desse corpo; ele também é parte da Realidade eterna, embora em uma manifestação inferior à nossa. Uma vez que não somos o nosso corpo, nossa existência continuada não depende da vida desse corpo nem se encerra com sua morte. Isso não prova a imortalidade da alma; apenas demonstra que a vida da alma não depende da vida do corpo físico, embora, para sua manifestação nesse mundo físico, esse corpo seja necessário.

Sobrevivência, não Imortalidade

A existência continuada após a morte não é imortalidade. Por mais que os fenômenos espíritas possam provar a sobrevivência da nossa personalidade após a morte, isso só mostra que, quando o corpo físico se extingue, continuamos a viver no mundo pós-morte, onde assimilamos as experiências da vida pela qual acabamos de passar.

Portanto, não há qualquer improbabilidade ou impossibilidade na comunicação com aqueles a quem chamamos de mortos. Eles não estão, claro, mais mortos que nós; de fato, só podem estar mais vivos, pois se encontram temporariamente livres das limitações que a identificação com o corpo físico acarreta. Isso não significa que o espírito que se anuncia para uma plateia admirada como Júlio Cesar ou Napoleão, proferindo banalidades que até uma mente medíocre desprezaria, seja necessariamente quem ele diz ser. Ocorrem muitas influências numa sessão espírita genuína, desde as mentes subconscientes e dramáticas dos presentes, ideias e pensamentos errantes e possíveis entidades não humanas até a manifestação ocasional de um indivíduo humano que passou pela mudança que chamamos de morte. Mesmo quando as palavras proferidas em uma sessão espírita vêm de alguém que tenha passado para o outro mundo, não há razão para recebê-las em misteriosa admiração, como se elas contivessem grande sabedoria; a pessoa que passou para o outro mundo não está necessariamente mais sábia do que quando partiu desse mundo, e suas palavras apenas provam que o homem sobrevive à morte do corpo.

Por mais importante que essa prova seja, *não é argumento para a imortalidade da alma*. Mesmo o fato de que vivemos através de muitas centenas de vidas, no cumprimento de nosso ciclo de evolução, não implica mortalidade, uma vez que o fim é o retorno à unidade da qual viemos; podemos até mesmo dizer que é necessário haver um fim para a nossa vida como indivíduo, já que houve um início. Filosoficamente, não importa se o nosso período de vida é de sessenta anos ou, em nossa evolução maior, sessenta milhões de anos; uma vez que ele terá um fim, não podemos falar de imortalidade.

Os fatos do espiritualismo e da doutrina da reencarnação, entretanto, mudam nossas atitudes de tal forma que passamos a encarar a morte como apenas uma mudança natural em nossa vida maior, uma mudança pela qual teremos que passar muitas vezes no futuro. Assim, não há nada a temer sobre a morte, e não podemos falar daqueles que por ela passaram como estando de alguma forma menos vivos que nós. De fato, podemos lembrar as linhas de Shelley:

> Paz, paz! Ele não está morto, ele não dorme
> Despertou do sonho da vida

E nós, que perdidos em visões tempestuosas, mantemos
Com fantasmas uma luta inútil,
E em transe louco golpeamos com a faca do nosso espírito
Coisas invulneráveis...[19]

Precisamos, portanto, mudar nossa atitude em relação ao mistério da morte e eliminar da nossa civilização cristã a melancolia sombria com a qual, de forma tão não cristã, cercamos a morte do corpo. Ao adotarmos essa mudança de atitude, o fato da sobrevivência do indivíduo além da morte do corpo e a compreensão de que nossa vida é apenas parte de uma longa evolução têm, de fato, um valor profundo. Mesmo assim, não provam a imortalidade; o fim da vida individual é apenas adiado.

A Ilusão da Imortalidade

A imortalidade, então, é uma possiblidade filosófica; não estamos novamente nos braços de uma questão errada, que nenhum engenho pode resolver? Vamos analisar como se origina a questão e ver que elementos entram em sua natureza.

Até certo ponto, todos nós nos identificamos com os corpos através dos quais nos manifestamos nessa vida em particular; quando pensamos em nós mesmos, imaginamos a nossa aparência física e associamos a ela nossos pensamentos e sentimentos – para nós, esse é o nosso ser real. Pensamos em nós mesmos com o nome que carregamos e a face que possuímos, nossas virtudes e defeitos, e é para esse eu que pedimos imortalidade. É verdade que esperamos, de alguma maneira miraculosa, que nossos vícios e enfermidades nos abandonem quando entrarmos no reino dos céus, e que nossas virtudes e

[19] Tradução livre (N.T.).

excelências sejam ampliadas, para que sejamos realmente edições glorificadas do que somos nessa vida terrena. Todavia, é para essa personalidade terrena que pedimos existência eterna, imortalidade; quando pensamos em nós mesmos vivendo eternamente no mundo celestial ou nas regiões infernais, pensamos em nós mesmos como as personalidades que somos agora, com a aparência que possuímos. O pedido de imortalidade, portanto, é feito para a personalidade que sentimos ser nessa vida.

Além disso, fazemos nossa pergunta com base na concepção de tempo como uma infinita sucessão de eventos. *Somente na ideia de tempo como uma realidade objetiva, que continua para sempre, podemos pensar sobre imortalidade*. A imortalidade implica vida sem fim, vida sem fim implica tempo infinito, e tempo infinito é um absurdo filosófico.

O tempo não é a realidade objetiva que consideramos que ele seja, na ilusão do nosso mundo-imagem exteriorizado; tempo é apenas a realização da eternidade. A ilusão de um tempo que começa e tem fim, ou de um que seja infinito, é apenas o resultado da nossa ilusão de tempo como uma realidade absoluta e objetiva. É dessa ilusão que nasce o problema da imortalidade; quando superamos essa ilusão, o problema também é superado.

O outro elemento da nossa busca de imortalidade é a ilusão de sermos essa personalidade temporária através da qual nos manifestamos. Se alguém perguntar se você acredita na imortalidade da alma, seria impossível responder sim ou não. Deveríamos primeiro perguntar: "O que você quer dizer com alma? Seria como você parece e existe hoje, com as características associadas à personalidade que carrega o seu nome?" Se for assim, a resposta é não; essa personalidade é a de uma única vida e deixará de existir, assim como as muitas personalidades através das quais nos expressamos em vidas anteriores também deixaram de existir. Se, portanto, você se identifica com essa personalidade, deverá deixar de existir junto com ela. Se, por outro lado, com a palavra "alma" você quer dizer o indivíduo reencarnante, o verdadeiro Ego que vive através de muitas centenas de vida na Terra, então a resposta é que, nessa individualidade, você certamente sobreviverá à morte do corpo, assim como sobreviveu à morte de muitos corpos no passado e sobreviverá à morte de muitos mais no futuro. Nesse caso, portanto, como você se identifica com esse eu mais permanente, a morte do seu corpo atual e a dissolução da sua personalidade presente não importará muito; você viverá através desse processo. Mas nem mesmo isso é imortalidade, pois esse Ego também precisa deixar de existir. O Ego nasceu na individualização; ele se extinguirá quando o Ritmo criativo tiver sido aperfeiçoado e nós alcançarmos a unificação na qual nos tornamos tudo o que existe. Assim, mesmo o ser reencarnante não é imortal; embora sua vida se estenda por muitas centenas de milhares, senão milhões de anos, ele também terá um fim. E se, finalmente, por alma você quer dizer o seu ser eterno, que permanece imutável, também não podemos dizer que haja uma imortalidade para ele. Aqui entramos no mundo da Realidade, onde os termos e estruturas do nosso mundo-imagem já não se aplicam mais.

A Realidade Eterna

Para experienciarmos a realidade, precisamos nos libertar das ilusões que nos prendem e entrar no mundo da Realidade. Quando, sob essa luz, visualizarmos o problema da imortalidade, este perderá todo significado e importância, uma vez que no mundo do Real as ilusões das quais o problema nasceu não existem mais. Aqui já não experienciamos o tempo como uma coisa depois da outra; nesse mundo da

Realidade experienciamos *Eternidade*, na qual todo o tempo está contido sem alterações.

No eterno, passado e futuro são uma realidade presente, e nós somos essa realidade. Como podemos buscar a imortalidade quando somos eternos? No nosso ser real somos uma realidade que nunca teve início e que nunca terá fim, uma realidade imutável. A ideia de imortalidade não passa de uma distorção, na ilusão do nosso mundo-imagem, daquela eternidade que experenciamos no mundo do Real; é mais uma má interpretação daquela suprema Realidade nos termos de uma ilusão de tempo objetivo. Como podemos nos preocupar com nosso futuro após a morte quando nos reconhecemos como o Eterno, que é futuro e passado em uma realidade permanente? No Eterno sabemos que não podemos deixar de existir, porque somos; o fim é impossível no Eterno tanto quanto um início seria impossível, e toda busca por vida eterna é apenas uma contradição em si mesma.

Essa busca de imortalidade, juntamente com suas hostes de argumentos e provas, parece fútil e sem valor quando nós nos experienciamos como o Eterno, e nessa experiência obtemos uma certeza que rejeita argumentos e necessidade de provas. Em verdade, a experiência da nossa própria eternidade não nos deixa mais nada o que temer e mais nada a esperar; que lugar há para a esperança ou o medo quando temos a certeza? Não existe possibilidade de uma ansiedade trêmula, ou de esperança do melhor e do pior, quando nos reconhecemos como o Eterno, passado e futuro numa realidade imutável. Contudo, nós não somos aquela realidade; aquilo a que chamamos de "nós" na ilusão do nosso mundo-imagem é apenas a experiência cambiante da Realidade eterna.

Nosso ser eterno não é uma esperança longínqua, não é um céu incerto que pode se tornar nossa parte; somos o Eterno agora, neste momento, assim como em todos os momentos daquilo que chamamos de “tempo”. Nós sempre procuramos na direção errada, sempre queremos mais tempo; exigimos até mesmo um tempo infinito em nossa busca pela imortalidade. Entretanto, a Realidade infinitamente maior é sempre nossa para entrarmos, se assim quisermos, ao passo que a pretensão menor não passa de uma ilusão nascida da ilusão. Nós não queremos mais tempo, queremos a eternidade na qual todo tempo é; precisamos atacar numa dimensão completamente diferente. Em vez de desejar cada vez mais da nossa experiência de tempo, deveríamos, nesse exato momento, rasgar o véu do tempo e entrar na eternidade, que pode ser encontrada em sua plenitude a todo momento. Em vez de ansiar pelo momento seguinte, pela próxima experiência no tempo, devemos entrar no momento, no presente; entrar na eternidade aqui e agora. A profundidade do Eterno está em cada instante do tempo, e podemos encontrá-la se abandonarmos a ilusão e entrarmos na realidade. Não precisamos esperar que alguma glória sobrevenha, a Glória está aqui e agora, só precisamos percebê-la. O quão sem valor parece essa busca de imortalidade quando experienciamos a eternidade!

Nessa experiência, já não somos mais um ser separado, não somos mais o que chamamos de “nós” em nossa vida diária. Não apenas somos todo o nosso ser, passado e futuro, nessa sublime experiência da eternidade; somos a realidade de tudo que existe, existiu ou existirá, somos Aquilo. Sabendo disso, a busca da imortalidade de um ser separado e transitório parece ainda mais vã; é quase uma blasfêmia que a fase de mudança de uma criatura na ilusão de seu mundo-imagem exija para si uma continuação infinita da sua experiência ilusória. Quando lemos sobre os medos e tremores do homem em busca da imortalidade, de sua preocupação mesquinha com seu próprio ser diminuto, dos argumentos e provas sem sentido que, através das eras, ele invocou para defender o fantasma que ele não ousa considerar falso, é com um sentimento de libertação que nos desfazemos desse engenho complicado com o qual o homem construiu seu castelo de erros e entramos no ar puro do mundo da Realidade. Ali, no mundo do Real, em uma divina simplicidade, nós nos experenciamos como aquela Eternidade, à luz da qual todos os medos e esperanças se tornam supérfluos. Nós nos libertamos dos laços da ilusão, com todos os seus problemas, e das nossas vãs tentativas de resolvê-los. Já não buscamos a imortalidade; nós conhecemos o Eterno.

Capítulo 11
Na Luz do Eterno

Quem conhece a verdade conhece a luz, e quem a conhece, conhece a eternidade. O amor a conhece! A Caridade a conhece. Ó eterna verdade, verdadeira Caridade! Amada eternidade! Tu és meu Deus. Por ti suspiro dia e noite.

....

(Santo Agostinho)

O Significado da Vida

Nós completamos nossa busca pela Realidade; a viagem de exploração se encerrou. É verdade que vimos apenas um pouco daquele mundo de Realidade que é tão largo e grande quanto a eternidade, no qual há tudo o que já existiu ou que um dia poderá existir. Entretanto, nossas descobertas são mais que um prêmio pelas dificuldades pelas quais passamos ao deixar aquilo que nos é familiar pelo desconhecido. Nós realmente deixamos o mundo que conhecíamos tão bem e iniciamos uma perigosa busca pela realidade e pela verdade viva. E vejam: no novo mundo onde chegamos, encontramos nosso velho mundo de volta, mas com seu verdadeiro e eterno significado, sabendo que nosso velho mundo jamais poderá ser o mesmo novamente. Nós subimos a montanha da Realidade e, de seu cume, vislumbramos as coisas como elas são. Com essa visão em nossos corações, podemos descer em segurança e retornar aos vales onde vivem os homens, pois aonde quer que formos a visão do cume da montanha estará diante de nossos olhos; veremos todas as coisas, mesmo as mais familiares, à luz do Eterno. Nós ouvimos a canção da Criação eterna, e, nessa canção, mesmo os sons mais ásperos desse mundo de ilusões ganham um profundo e duradouro significado; o que para nós parecia sofrimento e maldade é agora visto como uma parte e uma necessidade da canção eterna, que nos parece alegre e justa. Tendo visto a visão, tendo ouvido a canção, podemos viver de fato.

Mas não vivem todos os homens? Não compartilhamos das suas vidas assim como eles compartilham da nossa? Realmente temos em comum da vida do corpo, comemos e bebemos, descansamos e trabalhamos, fornecemos aquilo que é necessário para o nosso corpo ficar vivo e saudável, mas apenas isso não representa a completude da vida de um homem. A não ser que haja significado e propósito na nossa vida — a não ser que saibamos por que sofremos e nos alegramos, por que trabalhamos e nos esforçamos, por que vivemos nesse corpo físico, por que primeiro ele comanda e depois aprendemos a comandá-lo —, e a não ser que possamos ver tudo isso à luz da Realidade, não vivemos realmente, apenas existimos.

Não é estranho que tantos homens podem viver sem saber, sem perguntar por quê? Se pedíssemos a qualquer um deles para realizar uma tarefa envolvendo muitas dificuldades, sem, no entanto, dizer por que, sem demonstrar razão suficiente para justificar a realização da tarefa, ele a faria? Qualquer um de nós empreenderia uma jornada de alguns quilômetros sem saber o porquê, sem algum propósito? Não obstante, muitos de nós vivem, empreendem não uma tarefa casual, mas a grande Tarefa da própria vida, cumprindo não uma jornada qualquer, mas a grande Jornada da própria Vida, com dificuldades e sofrimentos maiores que qualquer jornada mortal possa trazer — e ainda assim não perguntamos o porquê. Se observarmos nossa vida humana como que do topo de uma montanha, ela nos parecerá apenas uma ilusão insana na qual milhões de pessoas correm para lá e para cá, dedicando às suas tarefas diárias, vivendo em apreensão e ansiedade ou em esperançosas e alegres expectativas, em desespero quando fracassam ou exultação quando são bem-sucedidas, sem saber o significado de suas próprias vidas. Quando andamos pelas ruas de alguma grande cidade e observamos os rostos dos homens e das mulheres que encontramos, cheios de preocupação, medo ou descontentamento, de infelicidade ou mesmo de raiva e ódio, podemos nos perguntar de onde vem toda essa sisudez sombria. Eles não conhecem o objetivo da própria vida? Que espetáculo vazio de pressa e agitação, que correria de um lado para o outro, na qual aparentamos extrema importância, mas sem um significado definido para toda essa tremenda energia!

Olhando os rostos dos nossos semelhantes que contemplam as lojas com os produtos da sua atividade – na sua maioria feios e vulgares, uma maioria ainda maior inúteis, e apenas alguns belos e necessários à vida –, não ficamos espantados com a ignorância cega que pode sobrecarregar a nossa vida com o peso de tanta fealdade supérflua?

Na verdade, certas coisas são necessárias à vida. Precisamos de comida e bebida para nosso corpo viver, comida limpa e saudável, bebida refrescante e saudável; precisamos de roupa para nos proteger do frio e nos aliviar do calor, precisamos de casas onde possamos centralizar nossas vidas, onde possamos encontrar um refúgio para descansar e uma alegria serena. Precisamos de máquinas, da perfeição técnica da nossa vida externa, da tecnologia através da qual podemos transcender o que nos rodeia e controlar nossa vida material. Precisamos de arte e ciência, de filosofia e religião, precisamos de tudo que torne a vida mais profunda e alegre, rica e plena.

Mas não precisamos de comida que nos cause dano e produza doenças, não queremos uma vestimenta feia e uma equivocada gratificação da vaidade, não queremos casas tão elaboradas que se tornam centros de perturbação em vez de harmonia e descanso, não queremos máquinas e aparelhos que destroem a vida em vez de promovê-la, que escravizam a humanidade em vez de libertá-la. Não queremos uma ciência que cause sofrimento nem uma arte que seja falsa e vulgar, não precisamos de filosofia que não passe de um jogo de palavras, nem de uma religião na qual um Deus criado pelo homem é servido com dogmas também criados pelo homem, obscurecendo a mensagem da verdade viva que os grandes Mestres de todas as épocas nos trouxeram. Precisamos de muito menos e, ao mesmo tempo, de muito mais; acima de tudo, precisamos compreender o que nos ajudará a diferenciar o necessário e vivificante daquilo que é supérfluo e destrutivo.

Quando compreendemos o significado eterno da vida, podemos ver o quanto existe de supérfluo e até mesmo danoso, o quanto pode ser evitado e eliminado, mas, ao mesmo tempo, podemos ver o quanto está faltando, o quanto ainda necessitamos. A simplicidade da vida real pode ser administrada com apenas uma fração dos muitos compromissos e complexidades da vida moderna, mas, ao mesmo tempo, exige um padrão mais elevado de beleza e de utilidade das coisas essenciais. Realmente não podemos organizar nossas vidas sabiamente a não ser que conheçamos o seu significado; do contrário, continuaremos buscando nossas riquezas onde não há riquezas, gastando nossas energias onde elas só causam dano, esquecendo todo o tempo a sabedoria de Ruskin, quando disse: “Não existe outra riqueza que a vida.”

Apenas quando tivermos visto a vida a partir do topo da montanha conheceremos grandezas e valores verdadeiros. Enquanto errarmos pelo vale da ilusão, julgaremos apenas pelo exterior ilusório que nos salta aos olhos, veremos apenas a aparência, não a realidade. O nosso julgamento dos homens não é testemunho da nossa adoração pelo exterior; será que a maioria de nós, se colocados magicamente no tempo em que Cristo viveu, não consideraria os governadores romanos de Sua época como grandes e valorosos homens, bem-sucedidos e importantes, e não ansiaria por sua aprovação, aceitando cada palavra deles? A maioria de nós não olharia com desprezo para o Homem de Nazaré, pobre e impotente, pertencente a uma raça menosprezada, que ousava se colocar como uma autoridade sobre os poderosos de Seus dias? Será que Lhe daríamos o mesmo ouvido atento que damos àqueles grandes da opinião pública, com poder sobre a vida e a morte? Teríamos sido capazes de ver que só Ele era digno de ser ouvido, que só Ele era grande, sábio e poderoso, e que, à luz da Sua grandeza eterna, a impressionante pompa e o aparente poder do maior dos romanos não eram nada? De fato, mesmo após eras de Cristianismo, nosso julgamento de valor não passa de um julgamento não cristão; julgamos pelo brilho da aparência exterior e ficamos cegos e surdos para as maravilhas da realidade interior. Não conhecemos o significado das coisas.

Filosofia Prática

Mas esse significado a filosofia pode nos relevar. A filosofia é, ou pelo menos deveria ser, a atividade mais prática do homem. É verdade que muito frequentemente ela tem sido um jogo de ideias abstratas – de profundo interesse, em suas nuances sutis, para o filósofo profissional, mas sem significado prático para o homem comum em sua vida diária. Portanto, é concebível que o homem comum tenha se perguntado algumas vezes como pode haver pessoas que (conforme lhe parece) desperdiçam seu tempo em especulações abstratas, enquanto há tanto o que fazer na vida prática para ajudar a humanidade. No entanto, se a filosofia é aquilo que deveria ser — a compreensão da vida —, não pode deixar de ser da mais vital importância e interesse para o homem, na sua vida cotidiana. Ela traz a experiência do significado da vida, e somente nessa experiência podemos aprender o que vale a pena em nossas atividades, o que há de real valor em nossas conquistas.

Se nos precipitamos em atividades sem ter essa compreensão da filosofia, somos como o homem que empreende uma longa jornada sem antes se familiarizar com a natureza do país pelo qual viajará e a estrada que deverá seguir. Nós certamente o consideraríamos um tolo se oferecêssemos a ele o auxílio da nossa experiência, mostrando o mapa do país através do qual terá que encontrar o seu caminho, e ele desdenhasse dessa ajuda, alegando que ela não é prática e que só fazendo a coisa é que se pode encontrar a realidade prática. De maneira semelhante, se um homem tivesse que viajar através do oceano e se recusasse a aprender os princípios da navegação e o uso da bússola, dizendo que tal teoria é supérflua e pouco prática, e que a coisa certa a fazer é partir e empreender a viagem, também o consideraríamos inepto e carente de sabedoria. Entretanto, em nossas vidas diárias, desprezamos o conhecimento do país pelo qual todos nós precisamos viajar, desprezamos o mapa que a filosofia pode nos apresentar, não temos tempo para aprender a navegar pela vida e usar a bússola, o que só a experiência da Realidade pode ensinar. Como podemos agir a não ser que saibamos o que vale a pena alcançar? Como podemos escolher a não ser que conheçamos os reais valores? Como podemos orientar nosso barco através do oceano da vida se não sabemos para onde vamos e como encontrar nosso caminho?

A filosofia é de enorme valor prático na vida cotidiana, e realmente não podemos governar nossas vidas sem o seu auxílio. Muito menos podemos governar a vida de nações; a política, sem a filosofia para inspirá-la e direcioná-la, é apenas um perigoso jogo com o destino dos países e não um direcionamento consciente para a sua evolução. Em outro volume, veremos como a compreensão do Ritmo criativo, compreensão esta que a filosofia traz, produz aquele conhecimento de evolução histórica que permite ao filósofo-estadista legislar por seu país de acordo com a sua evolução, em vez de decidir suas medidas políticas pelo choque e pela luta entre interesses egoístas de grupos dentro da nação. Poderia haver algo tão pouco prático que o governo não científico das nações, que levou o mundo de hoje às suas dificuldades caóticas? Poderia haver evidência mais contundente da falta de verdadeira filosofia na nossa política do que as catástrofes que se abateram sobre a humanidade nos últimos tempos? É a ignorância sobre as forças que atuam na vida social, tanto nacional como internacional, e a ignorância da maneira de controlá-las, que causa esses sofrimentos à humanidade. Uma ciência de governo, baseada não numa filosofia de especulação abstrata, mas numa filosofia de experiência, seria infinitamente mais prática e mais benéfica que o atual governo não científico, no qual cegos conduzem cegos.

Não basta dizer que a filosofia tem um valor prático; precisamos reconhecer que o controle da vida, tanto para o indivíduo quanto para as nações, é tão impossível sem a luz do conhecimento filosófico quanto é impossível navegar sem um mapa ou uma bússola, ou viajar sem sequer saber a direção em que se encontra o objetivo da nossa viagem. O nosso próprio comportamento depende da nossa filosofia.

Mundo-Afirmação e Mundo-Negação

Nosso comportamento prático na vida é sempre resultado da nossa atitude perante o mundo que nos cerca, estejamos ou não conscientes disso. Se olhamos para esse mundo como uma realidade objetiva, buscaremos nele a nossa felicidade; se, por outro lado, nós o vemos como uma ilusão ou um mal, partiremos desse mundo em busca da felicidade. É aqui que só a experiência da Realidade pode nos libertar do problema com o qual nos vemos confrontados, enquanto não conhecemos a medida de realidade deste nosso mundo.

Existe um período na evolução do homem em que ele está totalmente identificado com este mundo, quando ele é apenas uma parte da Natureza e vive sua vida, seguindo os impulsos e desejos de seu corpo como qualquer outro animal. Essa pode ser uma vida bonita e cheia de alegria, como a vida de uma animal pode ser, mas é uma vida na qual o homem está totalmente sujeito ao mundo da Natureza e não sabe de sua própria escravidão, existindo em aprisionamento. Esse é o verdadeiro paganismo, onde o homem é um homem natural, um com a Natureza, uma vez que ele ainda não aprendeu a se conhecer.

Então chega um tempo em que essa unidade inconsciente e onírica se perde, quando o homem, na separatividade do individualismo, passa a se sentir à parte do mundo que o cerca, separado de seus semelhantes. Nessa dualidade ele se torna consciente da prisão que não percebera antes; sentirá nele o corpo com seus desejos e a mente com suas aspirações. Na inevitável luta que se segue, buscará aprender o significado do mundo ao redor e o afirmará como uma realidade suprema, ou então o negará como um armadilha e uma ilusão. Se ele o afirma em teoria e prática, então em sua prática da vida ele é apenas um homem natural, regozijando-se com um paganismo tardio que nunca pode trazer satisfação duradoura, pois a voz do espírito interior sempre falará e afirmará suas aspirações, suas reivindicações. Por outro lado, ele pode negar o mundo ao seu redor, proclamar que o mundo é uma ilusão ou mesmo a própria morada da maldade, o assento do mal. Vemos isso nos *yogues* indianos, mortos para o mundo, vivendo a mais completa renúncia, suprimindo todo clamor do corpo para que o espírito possa viver. Vemos também o asceta cristão que foge do mundo do mal para a paz do eremitério, castigando o corpo para que seus desejos e paixões sejam esmagados. Nessa negação do mundo e de tudo o que é do mundo, o homem procura a salvação afastando de si tudo o que é mundano, encarando aqueles que perseguem objetivos mundanos como perdidos nas trevas e destinados à destruição.

Mundo-afirmação e mundo-negação podem, nessa etapa, ser considerados as duas únicas alternativas. Se existe um mundo objetivo nos rodeando por todos os lados, podemos afirmá-lo, reconhecendo sua realidade e suas exigências, ou então negá-lo, tanto como não existente quanto como um a ilusão, ou como uma armadilha e uma maldade, o mal encarnado. É verdade que podemos tentar um compromisso e que outra coisa é a nossa moralidade convencional — na qual reconhecemos as reivindicações do espírito interior e do mundo exterior e tentamos dar a cada um o que lhe é devido. A vida de compromisso, entretanto, não leva a lugar algum; não ousamos desfrutar da vida material por completo, sem remorso; não ousamos rejeitar esse mundo e buscar o espírito, com medo de abandonar a felicidade e as riquezas por uma bem-aventurança incerta.

As aspirações da humanidade sempre balançaram entre o mundo-negação e o mundo-afirmação; mesmo hoje, o Ocidente é representativo de um e o Oriente de outro. Nossa civilização ocidental não se vangloria do seu poder físico, do seu domínio sobre este mundo? Ela não afirmou a realidade desse mundo mesmo com a exclusão do mundo interno, esquecendo-se de que o homem não pode viver apenas de pão? E o Oriente, em sua afirmação da realidade espiritual interna, não rejeitou o mundo externo, recusando-se a obter poder, conhecimento e controle sobre este mundo e se tornando, pelo menos materialmente, uma presa para as nações do Ocidente? É verdade que tanto no Ocidente quanto no Oriente existiram aqueles que encontraram a Realidade e cujo modo de vida foi testemunha de sua experiência suprema. Buddha ensinou o Caminho do Meio, que não era nem negação nem afirmação do mundo, muito menos um compromisso. Cristo ensinou o mesmo, e ele não pode ser responsabilizado pela má interpretação da sua mensagem por discípulos e seguidores que, não tendo a experiência da Realidade, limitaram a mensagem de seu Mestre à medida de suas próprias mentes. A extravagância do ascetismo cristão não é fruto dos ensinamentos de Cristo, nem o materialismo egoísta que, de forma tão estranha, reivindica para si o sancionamento da Igreja Cristã. Tampouco Cristo ensinou uma vida de compromisso, muito embora a moralidade convencional também busque refúgio nos ensinamentos do Cristianismo.

De um modo geral, porém, o Ocidente afirmou o mundo e o Oriente o negou. A força de um é a fraqueza de outro; o Ocidente é tão poderoso no clamor barulhento de sua atividade externa quanto o Oriente é na silenciosa "inatividade" do espírito. A conquista de um parece vazia aos olhos do outro; o Oriente abre um bem-humorado sorriso diante das conquistas ilusórias do Ocidente, assim como o Ocidente tem um desprezo mal disfarçado pela inatividade do Oriente. No entanto, há um valor e um significado em cada um. Nós, do Ocidente, nem sempre reconhecemos o poder do silêncio e da inatividade; nossa inatividade é muitas vezes apenas preguiça, e nosso silêncio inaptidão. Mas existe um silêncio mais eloquente que a mais apaixonada das oratórias, existe uma inatividade mais poderosa que a ação mais frenética. Não é o homem silencioso, moderado em suas palavras e ações, frequentemente o líder mais forte em tempos de crise? E nossas emoções mais profundas não desafiam a expressão por meio de palavras? Não ficamos sem palavras tanto na nossa maior tristeza como na nossa maior alegria? Não falamos na presença da morte, não falamos quando encontramos um amigo há muito perdido, após muitos anos de triste separação; todavia, nosso silêncio é infinitamente mais expressivo que as palavras poderiam ser. Existe poder a se obter na negação do mundo, assim como existe na afirmação, mas qual escolheremos?

Esse problema certamente não é estranho à vida diária; ele é a própria base do nosso comportamento, a base da nossa moralidade. Reconhecemos este mundo que nos cerca como real? Então nos lancemos às suas atividades, desfrutemos por completo de seus prazeres, sem parar para considerar, sem parar para pensar. Busquemos então conquistas e poder nesse mundo, tentemos ser grandes aqui, acumular nossas riquezas, agarrar nossos prazeres. Se, por outro lado, este mundo não for real — ou pior ainda, se ele for o poder que nos enfrenta eternamente, o poder do mal —, nós nos afastaremos do mundo e de suas tentações, tentaremos esquecê-lo, renunciando aos seus prazeres e buscando a solidão interna, a espiritualidade que ali podemos encontrar.

Na verdade, sem a visão do Real, o problema é tão difícil quanto significativo; no entanto, não parece haver alternativa: ou vivemos a vida do mundo ou a vida da espiritualidade, a não ser que consintamos em nos render a uma vida de compromisso, vazia de sentido.

A Prática da Realidade

Vamos analisar novamente nosso problema e ver se é possível ou não solucioná-lo. Falamos de mundo-afirmação e mundo-negação. Mas o que é esse mundo que buscamos afirmar ou negar? É o mundo que vemos ao nosso redor, o mundo que aparece como uma realidade objetiva, distinto da vida interna. No entanto, esse mundo é apenas uma imagem na minha consciência; é apenas a minha interpretação da Realidade. É verdade que eu externalizo esse mundo-imagem, acreditando ser ele uma realidade fora da minha consciência, mas isso não faz dele a realidade que aparenta ser. Nem posso dizer que é tudo ilusão, que ele não existe e que, portanto, deveria ser ignorado e rejeitado na prática da vida diária. Não podemos dizer que o mundo-imagem exteriorizado é real ou irreal; ele é tanto real quanto irreal. É real na medida em que é a nossa interpretação da Realidade, e é irreal na medida em que não é a própria Realidade, apenas nossa interpretação. A parte ilusória é que dissociamos da nossa consciência aquilo que nela é apenas imagem e a proclamamos como uma realidade independente.

Negar esse mundo-imagem exteriorizado é tão impossível quanto afirmá-lo; ao negá-lo, negamos o fato de que, na nossa consciência, o mundo da Realidade produz uma imagem que exteriorizamos e chamamos de "o mundo". Afirmar esse mundo como uma realidade é igualmente impossível, pois, na melhor das hipóteses, ele não passa da nossa interpretação ou imagem da realidade, nunca o mundo objetivamente real que acreditamos que ele seja.

Nosso Universo, portanto, não é um mundo objetivamente real que podemos afirmar ou negar. Todo o problema do mundo-negação e do mundo-afirmação nasce da ilusão na qual colocamos fora da nossa consciência, como uma realidade objetiva, aquilo que não passa de uma imagem produzida pela Realidade eterna. Novamente nosso problema nasceu da ilusão e é impossível de resolver. Não podemos afirmar nosso mundo-imagem objetivado como sendo realidade, não podemos negá-lo como sendo uma ilusão, muito menos como sendo mal e perverso. Podemos apenas tentar compreendê-lo como ele realmente é e tratá-lo de acordo.

Na experiência da realidade, conhecemos as coisas conforme elas são, uma vez que somos tudo o que existe. Esse mundo real, a realidade das coisas, não pode nem ser afirmado nem negado; nós mesmos somos aquela Realidade suprema, compartilhando o ser eterno de todas as coisas. Quando, da experiencia da Realidade, retornamos ao sonho de nosso mundo-imagem, deixamos de nos identificar com ele, de pensar nele como a única realidade; tampouco nos afastamos dele como um mundo de maldade ou o ignoramos como um mero *glamour* de ilusão. Agora podemos a todo tempo vê-lo como aquilo que ele é – a imagem produzida em nossa consciência pela Realidade eterna, nossa interpretação das coisas como elas são. Tal atitude não é nem uma negação nem uma afirmação do mundo, é *a contemplação do nosso mundo-imagem à luz do Eterno*. A grande mudança que ocorre com a experiência da Realidade é que agora podemos ver nosso mundo-imagem como uma interpretação da Realidade; podemos ver as aparências da vida diária como fases ou momentos daquela Realidade eterna que agora conhecemos internamente.

À luz dessa Realidade, as aparências passageiras ganham novo significado, uma nova dignidade, que, sem a visão do Real, não poderiam ter. Ao nosso redor vemos todo o tempo formas que estão mudando, nada permanece, tudo está em um processo de eterno vir a ser. Essas sempre mutantes fases não têm sentido se vistas por si mesmas, mas se tornam cheias de um maravilhoso significado quando vistas como nossa percepção da Realidade eterna. Essa é uma revelação da Realidade, afetando a vida tão profundamente que palavra alguma pode descrever seu significado para aquele que não tiver visto o seu mundo à luz do Eterno. O que ocorre é uma verdadeira transmutação do nosso mundo sem que haja qualquer mudança no próprio mundo, meramente devida ao fato de que agora nós podemos ver todo o tempo o nosso mundo-imagem como uma interpretação da Realidade eterna. Talvez esta seja a maior dádiva da filosofia da experiência: que todas as coisas na sua ilusão temporal, os acontecimentos e os problemas da vida, sejam agora vistos à luz do Eterno.

Quando temos a visão da Realidade nosso mundo se modifica totalmente, torna-se quase irreconhecível; porém, nada mudou nas coisas como elas são — nós apenas obtivemos uma nova visão. Fealdade e sofrimento, desarmonia e maldade só existem para nós enquanto considerarmos nosso mundo-imagem uma realidade objetiva, enquanto virmos as coisas por si mesmas. No momento em que podemos ver os objetos e eventos do nosso mundo como nossa interpretação da Realidade, o significado eterno da coisa em si é revelado através de sua aparição em nosso mundo; vemos o objeto em mutação, o evento passageiro à luz do Eterno. Sob essa luz, eles não podem mais ser feios ou maus; todos eles compartilham da grandeza da Realidade eterna. Shelley descreve, em seu *Prometeu Desacorrentado*, como todo o mundo mudou com a queda de Júpiter, Rei da Ilusão:

> Aquelas feias formas, feições humanas, que citei
> Como causa de tantas dores minhas,
> Passaram no ar, flutuando, esvaindo-se
> Nos dispersantes ventos; e por quem passavam
> Se tornavam formas brandas
> E amáveis, e, indo ao chão o vil disfarce,
> Todos foram mudados, e após breve

Surpresa, saudações maravilhadas,
Foram dormir de novo, e quando a aurora
Veio, seres que podiam ser tão belos
Sapos, cobras e tritões? E, no entanto, eram,
Pouco mudando-lhes a forma e cor;
Tudo desfez-se da índole perversa...[20]

É na nova visão, nascida quando o homem se liberta da tirania da ilusão, que todo o mundo muda e parece radiante com amor e beleza, aparentemente transformado de maneira completa, embora a mudança tenha ocorrido, na verdade, no próprio homem. Quando podemos ver o mundo ao nosso redor, o nosso mundo-imagem, sob a luz da Realidade, cada detalhe dele é banhado pela luz do Eterno e, nessa luz, ganha uma nova beleza e um profundo significado. É dentro de nós que podemos encontrar a chave para o nosso mundo-imagem; com nossa total compreensão, essa imagem muda até que seja vista como "a sombra do Belo incontemplado". Na profunda percepção do poeta que era Shelley, ele expressa a libertação do homem das amarras de suas ilusões autocriadas em palavras que nenhuma expressão filosófica da verdade pode alcançar:

O tinto véu, que aqueles chamam vida,
Que imitava qual cor de nuance vaga
O que o homem espera e crê, se rompe:
Cai a máscara odiosa, o homem vive
Livre, sem cetro e restrição, mas homem
Igual, sem classe e tribo, sem nação,
De temor, culto e casta isento, o rei
De si; bom, sábio e íntegro; mas homem,
Sem paixões? — não, mas livre da dor, culpa,

[20] *Prometeu Desacorrentado e outros poemas*, P.B. Shelley, tradução de Adriano Scandolara (N.T.).

Sofridas, feitas pela sua vontade;
Não ainda isento, mas tornando servas
A sorte, morte e mutabilidade,
As obstruções do que sobrevoaria
O astro mais alto do inascesso céu
Passado turvo pela inânia intensa.[21]

"O homem vive", e nele encontramos o segredo da Realidade.

Sob a Luz do Eterno

É apenas enquanto ainda vemos nosso mundo-imagem como um mundo objetivamente real que as suas aparências podem ser, para nós, objetos de desejo que perseguimos com o intuito de possuí-los. O desejo é só uma expressão da crença em nosso mundo-imagem como uma realidade objetiva; perseguimos, em vã tentativa possuí-las, aquelas imagens que surgem em nossa consciência, e inevitavelmente experimentamos a desilusão quando descobrimos que não passam de aparências. Igualmente vão é repudiar esse mundo-imagem; não podemos escapar dele, por muito que o desejemos, e nossas tentativas de fuga não fazem mais do que nos aproximar ainda mais do mundo do qual tentamos escapar. Afastar-nos do mundo, proclamando que ele é cheio de ilusões e maldade, não é a verdadeira espiritualidade; é apenas o resultado de um erro, e só pode causar sofrimento àqueles que fazem disso seu objetivo.

A espiritualidade nascida da experiência da Realidade é muito diferente. Nela não desejamos as aparências do nosso mundo-imagem, tampouco as rejeitamos ou tememos; nós

[21] *Prometeu Desacorrentado e outros poemas*, P.B. Shelley, tradução de Adriano Scandolara (N.T.).

inevitavelmente conhecemos pelo que elas são, imagens produzidas em nossa consciência, e as vemos como nossa interpretação do Eterno.

Quando entramos no mundo da Realidade e ali nos estabelecemos, o desejo se torna supérfluo, uma vez que somos tudo o que existe e não há nada a desejar fora da Realidade. Como podemos querer algo quando somos todas as coisas, e vivenciamos todas as coisas em nosso próprio ser? Na paz do Eterno, o desejo cresce em silêncio; aquilo que nunca possuímos enquanto o buscávamos em nosso mundo-imagem é nosso eternamente, uma vez que somos o próprio objeto. O jogo do desejo não passa de um jogo com nosso próprio mundo-imagem como uma realidade exteriorizada; quando somos Aquilo que produz o mundo-imagem, o mundo que vemos ao nosso redor é muito maior que antes, já que em tudo que nos cerca podemos ver aquela beleza mais profunda, aquela maior alegria — o Eterno brilhando através do véu do tempo. Na verdadeira espiritualidade, portanto, não desejamos as formas do mundo-imagem, já que somos um com a Realidade que as produz, nem delas nos afastamos, já que as vemos sob a luz do seu significado eterno. Podemos, assim, viver no mundo e não pertencer a ele; podemos fazer nosso trabalho no mundo com o melhor de nossa habilidade, nele concentrando nossas energias e poderes, e, ainda assim, estar livres de apego àquilo que não passa de nossa experiência da Realidade. Não é preciso buscar santidade na pobreza e na solidão; existe santidade onde quer que nos encontremos em nossa vida diária, uma vez que o Eterno está em todo lugar.

Essa é a santificação do mundo. Não precisamos mais da reclusão da igreja para encontrar Deus e servi-Lo; vemos a Divindade nos rostos dos nossos semelhantes e ouvimos sua música nas vozes da natureza. Nossa vida diária se torna a catedral na qual reverenciamos o Eterno, enquanto as atividades comuns da nossa existência humana se tornam o cerimonial no qual adoramos a Realidade que nelas se manifesta.

Sob a luz da Realidade, não existe palavra ou ação que não seja parte da Eternidade, uma vez que tudo é nossa percepção do Eterno. Na verdade, é como se uma Luz vinda de dentro agora iluminasse nosso mundo-imagem; cada objeto, cada criatura possui uma mensagem profunda e eterna quando vista sob a luz do Eterno. O mundo do tempo se torna um símbolo de eternidade; sob a luz do Eterno, o próprio tempo é eternizado. Só enquanto estivermos presos à ilusão é que as coisas podem parecer sem significado, erradas, perdidas no caos; quando tivermos visto a Realidade, não haverá um grão de areia que não possua um significado sublime, já que ele é para sempre uma parte do Eterno.

Nós mesmos retiramos um novo significado dessa parceria — podemos agora andar no tempo, mas vivemos no Eterno; podemos contemplar a ilusão, mas conhecemos a Realidade. Esses são os frutos da Visão do Eterno, essa é a prática da Realidade. Ver a Realidade é viver; tornar-se ela é ter conquistado.

Só nessa realização está a Paz e a Libertação.